Mit Unterstützung der

 Antidiskriminierungsstelle
des Bundes

© 2013 by: TRANSIT Buchverlag
Berlin · Förbau
Postfach 121111 | 10605 Berlin
www.transit-verlag.de

Umschlaggestaltung und Layout: Gudrun Fröba
Druck und Bindung: Pustet, Regensburg
ISBN 978-3-88747-292-4
ISBN 978-3-88747-298-6 **ebook**

Clara Morgen

Mein *intersexuelles* Kind

weiblich männlich

fließend

: TRANSIT

INHALT

Für M. und K.

Sommer 2011. Der deutsche Ethikrat tagt am Berliner Gendarmenmarkt. Thema: Die Situation von Menschen mit Intersexualität in Deutschland. Als Mutter einer erwachsenen intersexuellen Tochter sitze ich im Auditorium. Die Vorsitzende des Vereins »Intersexuelle Menschen«, eine gestandene Frau um die Fünfzig, gibt mit ruhiger Stimme am Podium ihr Statement ab. Völlig unerwartet wird sie in ihrem Vortrag von einem Weinkrampf erfasst, sie kann nur noch stammeln: »Niemand kann sich in unsere Lage versetzen. Niemand kann verstehen, wie wir fühlen. Wir sind völlig allein gelassen.«

Diese Szene hat mich mitten ins Herz getroffen. Sie hat mich dazu veranlasst, mein Leben mit meinem Kind noch einmal zu reflektieren und dieses Buch zu schreiben.

Wo immer ich das Thema meines geplanten Buches erwähnte, reagierten meine Gesprächspartner gleichermaßen mitleidsvoll und ahnungslos: »Ach ja, Intersexuelle, das sind doch die, die sich mit ihrem Geschlecht nicht wohl fühlen, so Transsexuelle, Transvestiten, Hermaphroditen.« Einzig Hermaphrodit ist richtig. Es gab sie schon in der griechischen und römischen Mythologie. In Ovids »Metamorphosen« wird der Sohn von Hermes und Aphrodite, genannt Hermaphroditos, von der Quellnymphe Salmacis verführt. Salmacis ist so hingerissen vom jungen Hermaphroditos, dass sie die Götter darum bittet, ihre beiden Körper zu einem Wesen zu verschmelzen. Die Götter kommen ihrer Bitte nach, in der Quelle der Nymphe entsteht ein Mensch mit weiblichen und männlichen Geschlechtsmerkmalen.

Bei Ovid heißt es:
»Wie er sich sieht von der Flut,
worein als Mann er gestiegen,
Zum Halbmann gemacht
und schlaff die Glieder geworden,
bittet, die Hände gestreckt,

mit schon unmännlicher Stimme
Hermaphroditus und spricht:
>Erweist, o Vater und Mutter,
Euerem Sohne die Gunst,
der führt von euch beiden den Namen.
Wer in den Quell hier kommt als Mann,
der steige als Zwitter wieder heraus
und erschlaffe sogleich, wie er taucht in das Wasser.<
Gütig erfüllend den Wunsch
des doppelgestaltigen Sohnes
geben die Eltern dem Quell
das Geschlecht verwirrenden Zauber.«

»Verwirrender Zauber?« Ist damit nicht ganz knapp das Schicksal der Zwitter, Hermaphroditen, Menschen mit Intergeschlechtlichkeit treffend bezeichnet?

Ein Kind, das mit uneindeutigem Geschlechtsmerkmal geboren wird, sei es eine vergrößerte Klitoris, ein winziger Penis, ein Chromosomensatz, der nicht mit den äußeren Geschlechtsmerkmalen übereinstimmt, löst Befremden aus, lässt es sich doch nicht einordnen in die bipolaren Vorstellungen von Mann und Frau. Aber kann ein Zwitter nicht auch als Zauberwesen wahrgenommen werden, dessen Identität eben nicht ausschließlich weiblich oder ausschließlich männlich geprägt ist? Und kann sich daraus nicht auch eine ganz andere, neue Identität ergeben? Eine faszinierende Vorstellung.

Die Einteilung in Mann und Frau wird heute zunehmend in Frage gestellt. Die Frauenbewegung der 1970er Jahre hat viel dazu beigetragen, indem sie biologische, naturgegebene Voraussetzungen für männliches und weibliches Verhalten zur Disposition stellte und ihnen die These vom ausschließlich sozio-kulturell geprägtem Geschlecht entgegen setzte. Die Genderstudies an den sozialwissenschaftlichen Fakultäten der Universitäten analysieren weltweit die Verhältnisse zwischen den Geschlechtern.

Auch die Queer-Theorie überprüft kritisch die zweigeschlechtliche Gesellschaftsordnung. Heterosexualität als allein selig machende, die Gesellschaft über Jahrtausende dominierende Norm wird angefochten.

Als Alternative zur rigiden Zweigeschlechtlichkeit bietet sie eine Vielfalt von Geschlechtlichkeit an, die jedem, der sich nicht in das gängige Schema einordnen will, offen stehen sollte.

Wie aber empfinden intersexuelle Menschen sich selbst? Wie verhält sich die Gesellschaft ihnen gegenüber? Kann man überhaupt solchen komplexen Fragen und Themen gerecht werden?

Mein Versuch: Ein Herantasten, indem ich im ersten Teil aufschreibe, wie ich die Geburt und das Heranwachsen meines intersexuellen Kindes erlebt und empfunden habe. Und mir im zweiten Teil Antworten auf die oben angesprochenen Fragen hole. In erster Linie von intersexuellen Menschen selbst, zu Experten auf ihrem Gebiet gewordenen Betroffenen, von Selbsthilfegruppen, Eltern, Ärzten, Psychologen.

Ihnen allen danke ich für das Vertrauen, für die Offenheit, für den Mut, mit dem sie mir begegnet sind. Danken möchte ich auch der Antidiskriminierungsstelle des Bundes und ihrer Leiterin, Frau Christine Lüders, die dieses Buch erst möglich gemacht haben. Und zuletzt natürlich Franzi.

1

»Penis nicht darstellbar«

Franzi 0-1 Jahr

Ich stamme aus einer großen Familie. Wir sechs Kinder waren der Stolz unserer Eltern. Das Kinderkriegen war in unserer Familie und der noch viel größeren Verwandtschaft ganz normal. Die Kinder plumpsten nur so auf die Welt: 18 Cousinen und Cousins mütterlicherseits, 46 väterlicherseits.

Meine Kindheit war eine typische Wirtschaftswunder-Kindheit, Reisen nach Italien, Klavierunterricht, Hula-Hoop-Reifen. Mein Vater war Landarzt in Berlin und im Schwarzwald, und meine Mutter bekam ihre Antibaby-Pillen als Ärztemuster, von denen auch ich heimlich Gebrauch machte. Ziemlich früh. Es begann die Zeit von Oswald Kolle und Beate Uhse. Unserer Mutter war die letzte Schwangerschaft im Alter von 43 Jahren etwas peinlich, denn ihre zwei großen Töchter, darunter ich, waren ja auch schon im gebärfähigen Alter. Ich war nie versessen aufs Kinderkriegen, eine Großfamilie wie die unsrige war wirklich nicht mein Ziel, denn die hatte ich ja schon. Trotzdem war ich glücklich, als ich mit 36 schwanger wurde, von Georg, einem Mann, den ich liebte.

Meine Eltern waren nicht unbedingt begeistert, denn ich war noch mit einem anderen Mann, Joseph Morgen, verheiratet, aber sie akzeptierten meinen neuen Lebensgefährten ohne Wenn und Aber, und die ganze Familie freute sich auf den Nachwuchs. Meine Schwangerschaft verlief nicht ohne Komplikationen, immer wieder hatte ich Blutungen und das Kind wuchs zu langsam. Die Familie war besorgt, und mein Vater nahm ein Familienjubiläum zum Anlass, nach Berlin zu reisen und einen Blick auf meinen Bauch zu werfen. »Na ja, wird kein Riese«, sagte er, nachdem er fachmännisch meinen Bauch abgetastet hatte.

Der Kollege meines Vaters, der meine Schwangerschaft festgestellt hatte, drückte mir als erstes ein kleines blaues Heftchen in die Hand, den

Mutterpass. »Mutterpass« – das Wort erinnert an das Mutterkreuz, mehr noch an das Klassenbuch, in das Schüler-Lob und -Tadel eingetragen wurden und wohl noch immer werden. In meinem Pass überwogen die Tadel, denn das Kind entwickelte sich nicht »normgemäß«. Ich war eine Spätgebärende. Bei den vielen Untersuchungen stellte man fest, dass das Kind über die Placenta ausreichend ernährt wurde, aber auf die Frage, warum es dann so ungenügend wachse, hatten die Ärzte keine Antwort. Jeden Tag fuhr ich in die Klinik, um die Herztöne des Fötus' abhören zu lassen.

Für Spätgebärende war die Untersuchung des Fruchtwassers Routine und brachte keinen Verdacht auf ein Down-Syndrom, also jene Trisomie 21, die man damals noch als Mongolismus bezeichnete.

Mein Bruder war zu dieser Zeit Assistenzarzt am Klinikum der Freien Universität Berlin, hatte Zugriff auf die Ergebnisse und verriet mir, was ich von meinem behandelnden Arzt gar nicht wissen wollte: »XY«, und ergänzte schon im Tonfall des angehenden Arztes trocken: »Aus der Kategorie Jäger und Sammler«. Ein Junge also, XY-männlich wurde im Mutterpass markiert.

Den Universitäts-Gynäkologen blieb das Wachstumsproblem des Kindes ein Rätsel, also schickten sie mich zu Professor H., der trotz seines fortgeschrittenen Alters mit den neuesten Möglichkeiten und Techniken des Ultraschalls vertraut war und als Koryphäe auf seinem Gebiet galt.

Warum ich von diesem externen Arzt untersucht werden sollte, war mir nicht klar. Hatten die Ärzte in der Klinik so wenig Vertrauen in ihre eigenen Untersuchungen? Verunsichert fuhr ich in dessen Praxis in einem ruhigen Villenvorort. Offensichtlich war er schon von den Klinikärzten informiert, denn ich wurde ohne Wartezeit sofort in sein Sprechzimmer gerufen. Und ohne lange Vorrede strich er mir den Bauch mit Gel ein, führte wortlos die Sonde darüber, setzte sich an seinen Schreibtisch, sagte, ohne mich anzublicken, »Penis nicht darstellbar«, und schrieb es dann wortgleich in den Mutterpass. Keine weiteren Erklärungen. Keine Einladung zum Gespräch, und auch ich schwieg.

Ahnte ich damals schon, dass da mit dem Geschlecht irgendetwas nicht in Ordnung sein könnte? Beklommen verließ ich das Sprechzimmer. Im Auto schon zwang ich mich, mir erst einmal keine großen Gedanken über dieses »Penis nicht darstellbar« zu machen, es einfach zu verdrängen. Von irgendwelchen Konsequenzen für das Kind, gar von Missbildungen hatte er ja nicht gesprochen. Der Penis wird schon wachsen, wenn das Kind erst einmal geboren ist, dachte ich in meiner Naivität, und Ultraschall ist auch nicht der Weisheit letzter Schluss.

Einen Monat später wurde, etwas früher als errechnet, im achten Schwangerschaftsmonat die Geburt per Kaiserschnitt eingeleitet. Zu diesem Schritt hatten sich die Ärzte entschlossen, denn das Embryo hatte unregelmäßige Herztöne, und bei mir zeigten sich die ersten Wehen auf den Schreibern.

Als ich nach der Kaiserschnittoperation wieder gehen konnte, humpelte ich mit zusammengebissenen Zähnen in die Station für Frühgeborene, die »Frühchenkrippe«, wie man sie im Krankenhausjargon nennt, ging vorbei an den vielen Brutkästen, in denen blasse Winzlinge an Schläuchen regungslos schlummerten – hoffentlich ist das da mit dem riesigen Kopf nicht meines – dachte ich flüchtig im Vorbeigehen –, dann endlich ein Bettchen mit dem Schild: Kind Morgen.

Franz – auf diesen Namen hatten wir uns schon lange vor der Geburt geeinigt – lag wie eine Puppe in seinem Wärmebett. Ein Leichtgewicht, aber immerhin knapp vier Pfund, keine künstliche Ernährung, keine Schläuche. Die Fingerchen öffneten und schlossen sich wie Korallen. Ganz vorsichtig drückte ich Franz an mich und schloss das kleine Ding sofort in mein Herz. Vor Freude musste ich weinen, nach all den Aufregungen um die Komplikationen der Schwangerschaft und um die etwas verfrühte Geburt. Jetzt war er da, und ich wollte meinen kleinen Sohn gar nicht wieder loslassen, wie er da so schutzlos in meinen Armen lag, in einer hellblauen Strampelhose, in die zwei Säuglinge gepasst hätten, ein Moment des Glücks.

Ich war nicht weiter beunruhigt, als ich beim ersten Wickeln statt eines kleinen Penis nur so eine Hautschürze, eine Art Läppchen, zwischen seinen Beinen erblickte. Zwar hatte ich noch die Ultraschalldiagnose »Penis nicht darstellbar« von Professor H. im Hinterkopf, aber viel mehr beschäftigten mich Gewicht und Größe des Kindes: Was konnte ich tun, damit es möglichst schnell wuchs?

Als ich am vierten Tag ans Wärmebett trat, fand ich es leer. Am Bett hing gut lesbar ein Zettel: »Früh- und Mangelgeborenes mit Missbildung des Genitals. Zwittergenital. Verdacht auf Pseudohermaphroditismus masculinus«.

Die Säuglingsschwester teilte mir mit, dass Professor W. vor wenigen Minuten darum gebeten habe, dieses Kind in den großen Hörsaal zu bringen. Er wolle seinen Studenten einmal den nicht eben häufigen Fall einer »Geschlechtsmissbildung« live vorführen. Dieser Bitte waren die Schwestern gerade nachgekommen und schoben mein Kind auf einer Transportbahre durch den Korridor. Mein Kind ins Panoptikum? Hundert Augen auf sein Geschlecht gerichtet? Ich war erbost. Das kommt nicht in Frage! Nicht mein Kind. Ich lief so schnell ich mit meinen Kaiserschnittwunden konnte über den Korridor. Professor W., der berühmte Kinderchirurg, der Halbgott in minzfarbenem Kittel, wehte über den Flur, gefolgt von einem Tross von Assistenzärzten, Schwestern, Studenten. Ich brachte den Konvoi zum Stehen. »Stellen Sie sich nicht so an, junge Frau, wir alle sind doch der Wissenschaft verpflichtet! Sie sind da keine Ausnahme! Ihr Säugling kriegt ja sowieso noch nichts mit, ihm wird doch kein Leid angetan!« Für kurze Zeit herrschte eisiges Schweigen. Ich rang um Fassung. »Kein Leid getan? Hier wird doch eine Schamgrenze überschritten, ein Neugeborenes, und wie Sie doch sagen, Mangelgeborenes, wird Stress und Unruhe ausgesetzt.« Ich weiß nicht, was ich noch alles so gesagt habe, jedenfalls lag das Kind einige Minuten später wieder in meinen Armen. Als ich es in sein Bettchen zurücklegen wollte, hing da immer noch der Zettel: »Verdacht auf Pseudohermaphroditismus«. War das die Diagnose? Und was bedeutet sie? Oder litt ich unter der berüchtigten Wochenbettdepression? Jedenfalls schlich ich verwirrt in das muffige Krankenhauszimmer zurück, das ich mit vier Unterleiboperierten teilte, zum Glück keine frischgebackenen Mütter, so dass mir die unerlässlichen »Gebärgespräche« erspart blieben.

Am Abend trat die diensthabende Gynäkologin an mein Bett. Sie hatte mich schon seit Monaten betreut und schien mir sehr sachlich und kompetent. »Wir hatten heute ein Konsilium gemeinsam mit dem Kinderchirurgen, einem Endokrinologen und dem Chefarzt. Wir wollen Ihnen raten, das Kind als Mädchen großzuziehen. So wie sein Geschlechtsteil jetzt aussieht, können wir davon ausgehen, dass es niemals wie ein Junge im Stehen Wasser lassen kann, niemals eine richtige Erektion haben wird, niemals ein erfülltes Sex-Leben. Ihr Kind ist ein Zwitter. Ein Hermaphrodit. Machen Sie aus Franz Franzi.« Und: »Ein Kind als Mädchen zu erziehen ist gewiss leichter, als einen Jungen, stecken Sie ihr Ohrringe ins Ohr, rosa Kleidchen, Puppen, das wird dann schon eine richtige Frau! Und kosmetische Operationen am Geschlecht, dafür gibt es heute genügend Fachleute. Es ist leichter, ein ›Loch‹ zu graben als einen ›Pfahl‹ zu konstruieren!« Ich war fassungslos und fing an zu weinen.

Plötzlich war die Falle zugeschnappt: Was ich unterschwellig seit Tagen ahnte, aber erfolgreich zu verdrängen wusste, wurde zur Gewissheit. Ich sollte aus einem XY-geborenen Kind, also einem Jungen, soviel hatte ich von der Vererbungslehre noch im Hinterkopf, allein durch Erziehung ein Mädchen machen. Die Chirurgen würden dann durch kleinere, geschlechtsangleichende Eingriffe das Werk vollenden. So unproblematisch stellten sich das viele Ärzte damals vor. Einfach so das Geschlecht eines gerade geborenen Kindes umwandeln, das kann ja wohl nicht möglich sein! Bin ich denn der liebe Gott, dass ich so über das Geschick meines Kindes, über das ganze Leben, das vor ihm liegt, so einfach entscheiden darf? Kann ich es nicht so lassen und mit ihm und seinem Vater ein neues Leben am anderen Ende der Welt beginnen? Diese Gedanken gingen mir über Monate durch den Kopf, und den Satz mit dem Ohrring sollte ich nie wieder vergessen.

Als ich fünf Tage nach dem Kaiserschnitt vom öffentlichen Telefonapparat im Flur des Krankenhauses ein Zwei-Mark-Stück einwarf, um persönlich mit meinen Eltern zu sprechen, war mir beklommen zumute, ich hatte Angst.

Mein Bruder, der Assistenzarzt, hatte meine Eltern schon über die besonderen Umstände informiert, und sie waren offensichtlich um Fassung bemüht, reagierten mit großer Herzlichkeit und sprachen mir auf diese Weise Mut zu. »Pass auf dich auf und lauf mit deinem Schnitt nicht zu viel rum«, polterte mein Vater, und meine Mutter riet mir, nicht traurig zu sein, wenn's denn mit dem Stillen nicht klappen sollte, sie habe bei uns sechs Kindern auch nie genügend Milch gehabt. Ihre arme Tochter, mögen sie damals gedacht haben, wie wird sie mit einem solchen Schicksal fertig werden? War das neue Enkelkind etwa behindert und benötigte lebenslange intensive Betreuung? Wird ihre Tochter ihr Leben auf diese Herausforderung einrichten können? Und das Neugeborene, wird es überhaupt ein normales Leben führen können?

Bei meinem alten Vater war, wie er mir später erzählte, eine Missbildung der Geschlechtsteile in seiner sechzigjährigen Praxis als Arzt und Geburtshelfer nie vorgekommen. Er erinnerte sich aber an ein oder zwei solcher »Missgeburten«, die von der Hebamme der Klinik, an der er immer mittwochs operierte, entbunden wurden. Über deren Schicksal wurde dann in den 1960er Jahren wohl kein weiteres Wort verloren.

Nach sechs Tagen verließ ich auf eigenen Wunsch das Krankenhaus. Allein. Neidvoll dachte ich an die Mütter, die ihr Kind mitnehmen durften. Meines blieb noch vier Wochen auf der »Frühchenkrippe« der Klinik. Diese Station war zu jeder Tages- und Nachtzeit von Eltern in rosa Kitteln bevölkert, die wie Flamingos zwischen Wärmebettchen, Inkubatoren, Brutkästen hin und her liefen. Jeder versuchte auf seine Weise, die diensthabenden Schwestern und auch die Ärzte für sein Kind zu interessieren, in den Schwesterzimmern stapelten sich Pralinenkartons. Darunter so einige mit Schwarzwälder Kirschwasser gefüllte Pralinen, die mir meine Eltern extra geschickt hatten.

Mein Kind bekam Besuch von unseren engen Freundinnen und Freunden, die das Fußende des Bettes in einen kleinen Tierpark verwandelt hatten: Teddybären, ein Steiff-Panther, ein Wollschaf, ein Pinguin, der das Kind an Größe überragte.

Georg brachte schon am dritten Tag nach der Geburt einen winzigen blauen Anorak, ein Geschenk seiner Schwester. Alle glaubten ja, es sei ein Junge, auch der Freundeskreis von Georg. Als es dann zwei Wochen später hieß: »April, April, es ist ein Mädchen«, war das eine recht knifflige Situation für den Vater, und die Bemerkung eines Freundes, es handele sich wohl um einen Hermaphroditen, überhörte er einfach und schnitt schnell ein anderes Thema an.

Für Georg als gläubigen Katholiken war das Geschlecht seines Kindes von Gott gegeben und schon der bloße Gedanke daran, es durch Menschenhand willkürlich zu verändern, letztlich durch den Willen von uns Eltern, brachte ihn in schwere Gewissensnöte. Trost und Beistand, vielleicht auch Rat und Hilfe, hat er bei einem Freund gefunden, einem Priester und Religionsphilosophen. Ich wusste und weiß auch heute wenig über seine Gefühle, über seinen Glauben. Er hat mit mir nie darüber gesprochen, ich habe ihn auch nicht dazu aufgefordert. Bis in sein Inneres vorzudringen, das wollte ich nicht, ich hatte nicht das Bedürfnis, etwas über seine tiefsten Gefühle oder Leidenschaften zu erfahren. Ich dachte damals und denke noch heute, dass zuviel Nähe der Liebe nicht gut tut.

Ich habe großen Respekt für seine Überzeugungen, doch kamen sie mir immer weltfremd vor. In den ersten Jahren unserer Liebe mag mich als einen eher pragmatischen Menschen diese Weltfremdheit angezogen haben. Aber nach Franzis Geburt fühlte ich mich allein gelassen. Zum Glück hatte ich in jenen Wochen sehr viel mit praktischen Erwägungen, Einkäufen, Umzug in eine größere Wohnung zu tun, dass an Einsamkeitsgefühle, tiefergehende Liebesreflexionen gar nicht zu denken war, ich verdrängte sie einfach. Georg und ich bemühten uns krampfhaft um einander, dennoch fiel es uns schwer, uns über die anstehenden Entscheidungen wie etwa die Operation auszutauschen oder gar gemeinsam zu entscheiden. Unsere Liebe war diesen Anstrengungen nicht gewachsen. Wir wurden zu einer Art Schicksalsgemeinschaft. Wir hatten nie zusammengelebt, und es war von Anfang an klar, dass unser Kind in meiner Wohnung groß werden sollte. Viel Zeit verbrachte das Kind aber auch mit seinem Vater, der es liebevoll umsorgte und umhegte. Das mag ihm als Junggesellen nicht immer leicht gefallen sein. Viele Aufgaben löste er allerdings äußerst originell, so beschäftigte er Franzi zum Beispiel mit dem Bau von Höhlen unter Tischen, Stühlen, seinem Schreibtisch, oder sang sie mit Mozart-Arien in den Schlaf.

Die folgenden Wochen waren durch unzählige Gespräche mit den Klinikärzten geprägt. Doch keiner konnte uns eindeutige Auskünfte geben, klare Ansagen machen oder gar Entscheidungshilfe geben. Wenigstens hatten sie sich auf eine Diagnose geeinigt: »Inkomplette testikuläre Feminisierung«. Was heißt, dass der Fötus zwar männliche Sexualhormone produziert, sie aber nicht annehmen und verwerten kann und sich deshalb nur verkümmerte Genitalien und Hoden bilden. Unsere Fragen konnten die Ärzte nicht beantworten, sie rieten uns, psychologischen Beistand zu suchen. Wo und bei wem konnten sie uns aber auch nicht verraten. Georg und ich waren nicht nur völlig unvorbereitet, sondern auch vollkommen hilflos.

Jahre später dann las ich John Colapintos Buch »Der Junge, der als Mädchen aufwuchs«. In den 1980er Jahren hatte der geschilderte Fall eines Jungen, der zum Mädchen umoperiert wurde, in weiten Kreisen für großes Aufsehen gesorgt und war besonders für die amerikanischen Feministinnen ein gefundenes Fressen: Der »Held« des Buches, der berühmte Analytiker und Arzt Money, behauptet darin steif und fest, dass das Geschlecht einzig sozial geprägt sei und biologische Faktoren bei der Geschlechtsidentität keine Rolle spielten.

Wo hätte man 1984 Informationen und Erklärungen zu »Hermaphroditismus« und »Testikuläre Feminisierung«, die nicht nur für einen engen Medizinerkreis bestimmt und verständlich waren, finden können? Über das Internet konnte man sich in jenen Jahren noch nicht informieren, das steckte noch in seinen Anfängen. Ich hatte so eine ganz vage Vorstellung von den Phänomenen und dachte an Romy Haag, einen berühmten Transvestiten aus dem Berliner Kabarett, die ich lange vor Franzis Geburt kennengelernt hatte. Ihr Auftritt als Frau im »Chez Nous« endete mit einer herzergreifenden Szene: Sie warf ihre Brustpolster auf die Bühne, zog das Glitzerkleid aus und riss die falschen Wimpern ab. Sie heulte herzzerreißend, und die schwarze Schminke lief ihr über das Gesicht.

Ein Aufbegehren gegen das Schicksal als Transvestit? Im falschen Körper das falsche Geschlecht? Sollte so Franzis Zukunft aussehen? Wie viele meiner Bekannten und Freunde heute noch, kannte ich damals den Unterschied zwischen Transsexualität und Intersexualität nicht. Der neutrale Begriff »Intersexualität« war in jenen Jahren sogar noch völlig unbekannt. Er entwickelte sich erst mit dem Aufkommen der »XY-Selbsthilfegruppen« in den 1990er Jahren und ersetzte dann das als diskriminierend empfundene Wort »Hermaphroditismus«.

Zwei Wochen nach Franzis Geburt überreichte mir eine Standesbeamtin in der Klinik die Geburtsurkunde. Eigentlich ein Routinevorgang, aber in diesem Fall fühlte die Beamtin sich verpflichtet, mir die Formulierung genau zu erklären, die ich auf der Urkunde neben »Namen« las: »Ein Kind, dessen Geschlecht nicht festgestellt werden konnte.« Sie druckste herum: »Kommt nicht alle Tage vor, dass wir zu einer solchen Formulierung greifen müssen, bitte setzen Sie sich mit uns in Verbindung, sobald weiblich oder männlich abgeklärt ist.«

Die Urkunde hatte ich nicht angefordert und beschloss, mit dem Kind »ohne eindeutigem Geschlecht« erst einmal abzutauchen und das Standesamt mit seiner Forderung nach Eindeutigkeit zu vergessen. Wer hatte nun zu entscheiden? Wir? Die Götter in Weiß oder die in Minz?

Vor mir liegt die Korrespondenz, die Geburtsurkunde, beides Teile einer Posse, bei der man nicht lachen, sondern nur heulen kann: ein Kompetenzgerangel zwischen amtlicher Bürokratie und besserwisserischer, aber uneiniger Ärzteschaft.

Es zeigt aber die bis heute anhaltende Hilflosigkeit beim Umgang mit dem Phänomen eines uneindeutigen Geschlechts, unvorstellbar eine Lösung außerhalb der herkömmlichen Zweigeschlechtlichkeit. Entweder – Oder. Auch heute noch.

Der behandelnde Endokrinologe verfasste zwei Monate nach der Geburt eine »ärztliche Bescheinigung zur Vorlage beim Standesamt«, einen Fünfzeiler, der das Standesamt dazu aufforderte, das Kind als Franzi einzutragen, da das soziale Geschlecht nach den in der Klinik durchgeführten Untersuchungen weiblich sei. Zwei Monate später schießt das Standesamt via Amtsgericht zurück: Antrag unbegründet, er sage nichts über das anatomische Geschlecht des Kindes aus.

Vier Monate Pause. Das Amtsgericht forderte sechs Monate später einen weiteren Gutachter auf, »in der Personenstandsache eine Stellungnahme abzugeben«. Was hat diesen nun für unseren Fall qualifiziert? Er hatte vor 22 Jahren ein Gutachten erstellt, bei dem es, wie er schreibt, »um eine erwachsene Person mit Transsexualität ging, die allerdings erst im späteren Alter manifest«, wurde. »Dieser Fall«, so bemerkt er selbstgefällig, »lasse sich keinesfalls mit dem Kind Morgen vergleichen, das noch nicht einmal ein Jahr alt ist.« Der Gutachter verweist auf seinen Kollegen, den Endokrinologen, der besagten Fünfzeiler verfasst hat. Dieser wird nun »als Sachverständiger« noch im gleichen Monat dazu aufgefordert, ein ausführliches Gutachten zur geschlechtlichen Zuordnung zu verfassen. Dem fünfseitigen Gutachten, in dem er für die Festlegung des weiblichen Geschlechts plädiert, wird stattgegeben. Auf Anordnung des Amtsgerichts wird der Eintrag im Standesamt berichtigt, es soll jetzt auf der Geburtsurkunde heißen: Das Kind ist weiblichen Geschlechts.

Ich habe die ganze Angelegenheit an unseren Familienanwalt weitergeleitet, der aber auch nicht weiter aktiv werden konnte. Zumindest verdanke ich ihm den Schriftwechsel. Heute wundere ich mich, dass ich nicht aktiver ins Geschehen, in diese Posse eingegriffen habe. Der Alltag, die Sorgen und Freuden des ersten Jahres haben mich doch sehr beansprucht.

Als ich Franzi nach vier Wochen aus der Klinik holte und sie in die alte Familienwiege im Kinderzimmer legte, habe ich mir geschworen, ihr, soweit ich es kann, eine sorgenfreie, glückliche Kindheit zu ermöglichen. Ich habe mir vorgenommen, ihr »Anderssein« einfach zu akzeptieren und sie als Mädchen großzuziehen. Natürlich fiel es mir manchmal schwer, wenn ich eine Freundin mit ihrem so eindeutigen Buben oder Mädchen sah. Aber oft, wenn ich Franzi so ansah, dachte ich: Eigentlich eine große Herausforderung, ein so besonderes Kind großzuziehen, in dem männliches und weibliches, Mann und Frau vereinigt sind.

Der Gedanke an ein »Drittes Geschlecht«, so wie es heute von manchen intersexuellen Menschen gefordert wird, ist mir in den ersten Jahren nach Franzis Geburt nicht in den Sinn gekommen. Für mich gehörte jeder Mensch von Natur aus einem der zwei Geschlechter an, und nur langsam, im Laufe der ersten zehn Jahre, begann ich zu ahnen, dass es Möglichkeiten und Perspektiven geben könnte, sich anders als nur weiblich oder männlich zu definieren. Ob unsere Gesellschaft heute für eine solche Infragestellung des bipolaren, ausschließlich männlich-weiblichen Geschlechtsverhältnisses bereit ist, das ist eine andere Frage.

Damals allerdings stand der Zwang, dass wir als Eltern über das Geschlecht unseres Kindes zu entscheiden hatten, im Vordergrund und lastete schwer auf uns. Soweit wie möglich wollten wir die endgültige Entscheidung über eine operative Entfernung der verkümmerten, im Bauch des Kindes liegenden Hoden hinauszögern, aus Angst vor der fast untragbaren Verantwortung. In Hinblick auf eine bevorstehende Operation, der Gonadektomie, wollte ich den Gutachtern und medizinischen Diagnosen der behandelnden Ärzte erst einmal wenig Glauben schenken. Ich wollte andere Meinungen, Zweitgutachten einholen. Ohne die Berliner Ärzte zu informieren, reiste ich mit der kleinen Franzi im Laufe ihres ersten und zweiten Lebensjahres zu anderen Universitätskliniken, die mir von einer befreundeten Ärztin empfohlen wurden. Aber all die Professoren und Experten, denen ich das Kind vorstellte, sagten das Gleiche und stimmten den Forderungen ihrer Kollegen, das Kind weiblich zu erziehen, und auch der Operation zu.

Der Berliner Endokrinologe Professor S. und der berühmte Kinderchirurg Professor W. aus dem Klinikum haben damals einen vertraulichen Befund verfasst, den mir ein verständnisvoller Arzt im Praktikum zugesteckt hat: »Tief sitzende Ohren, kleiner Unterkiefer, weite Schädelnähte, grob auffälliges äußeres Genital. Nach einigen Zweifeln, welche sich auch durch die Befragung verschiedener Ärzte nur etwas mühsam ausräumen ließen, sind die Eltern inzwischen überzeugt, dass die Größe des vorhandenen Phallus, insbesondere die Testosteron-Resistenz eine spätere männliche Funktion unmöglich macht.«

Nein, so leicht konnten sie uns nicht davon überzeugen, die Zweifel blieben bestehen. Die ersten Jahre mit Franzi waren aber nicht nur durch permanentes Nachdenken über das Geschlecht geprägt. Sie brachte uns zum Lachen, wuchs und gedieh, und vielleicht konnte sie sogar mit ihren »tiefsitzenden Ohren« später so richtig wackeln.

Weihnachten nahte, und ich wollte mit dem drei Monate alten Kind per Flugzeug zu meiner Familie reisen. Vor dem Mauerfall musste man, einer Bestimmung der Alliierten entsprechend, am Flughafen einen Ausweis vorlegen. Was sollte ich tun? Ich hatte keinen Ausweis für das Kind. Woher auch, wo es sich doch um ein Kind »mit einem uneindeutigen Geschlecht« handelte, das also auch keinen offiziellen Vornamen hatte?

Ich entschloss mich kurzerhand, Franzi nach Westdeutschland zu schmuggeln. Was blieb mir anderes übrig. In meiner Umhängetasche war genug Platz für das kleine Wesen, das Gott sei dank tief schlief, als ich durch die Ausweiskontrolle gewunken wurde. Auf dem Flughafen in Stuttgart standen meine Eltern, und ich konnte ihnen das dritte Enkelkind, ihre erste Enkeltochter, in die Arme legen.

Ich war stolz, und in diesen Augenblicken stand Franzis besonderes Schicksal nun wirklich nicht im Vordergrund. Auch meine Eltern hatten bei der ersten Begegnung mit dem Enkelkind, auf der Fahrt vom Flughafen zum Elternhaus auf »normal« geschaltet und alles verdrängt. War das ihre Strategie, mit dem Unbekannten, dem Bedrückenden, auch ihnen Unheimliche umzugehen? Auf einer Lichtung, mitten im Schwarzwald, hielt mein Vater an, holte die Piccolo-Flaschen aus dem Kofferraum, nahm die kleinen silbernen Familienbecher aus dem Handschuhfach und stieß mit mir und meiner Mutter auf ihre erste Enkeltochter an, die in den Armen ihrer Großmutter schlief.

Meine Brüder und Schwestern, eine betagte Tante, alle waren auch in diesem Jahr zu Weihnachten im Elternhaus versammelt. Franzi und ich standen diesmal im Mittelpunkt. Ich erzählte von den vielen, oft schmerzlichen Erfahrungen der letzten Monate, von den Gesprächen mit den Ärzten, auch von den Zweifeln, die mich immer noch quälten.

Die Familie voller Ärzte, auch zwei Schwestern und zwei Brüder hatten Medizin studiert, war ebenso ratlos wie ich. Ihre sachlichen Erwägungen kannte ich: Ein Junge muss im Stehen Wasser lassen können, ohne sich dabei auf die Schuhe zu pinkeln, und mit nur einem Winzschwänzchen ausgestattet, wäre er ein Leben lang Spott und Hohn ausgeliefert.

Trotzdem waren es für mich tröstliche Gespräche, denn ich spürte Solidarität, Verständnis und Unterstützung. Dieses bedingungslose unerschütterliche Für-Mich-Dasein ist mir eine nicht hoch genug einzuschätzende Hilfe, es hält bis heute an und macht mich unendlich dankbar.

In der Familie haben wir auch beschlossen, der riesengroßen Verwandtschaft und den vielen Freunden erst einmal nichts zu sagen, den Kreis der »Wissenden« möglichst klein zu halten. Kein Wort also über den Chromosomensatz. Kein Wort darüber, dass wir es waren, wir, die wir gemeinsam mit den Ärzten Schicksal gespielt und dem Kind letztendlich eine weibliche Geschlechterrolle zugewiesen haben. Diese Aufgabe hätte ich lieber abgegeben, ich hatte sie mir nicht zugetraut.

Die Geheimhaltung hatten ja auch die Klinikärzte schon empfohlen und davon abgeraten, das Kind jemals über seinen Zustand aufzuklären. Wir hatten uns vorgenommen, Franzi als Mädchen großzuziehen, sie aber so bald wie möglich über ihr chromosomales Geschlecht zu informieren. Das sollte aber komplizierter werden und mehr Mut erfordern, als ich damals dachte.

Erst einmal war Franzi unsere Franzi und die alltägliche Kinderwagenfrage: »Wie süß, Junge oder Mädchen?«, haben wir, selbstverständlich, mit »Mädchen« beantwortet. Dass es in der großen Familie und im Freundeskreis doch nicht zu verheimlichen war, war mir bald egal. Nur ein einziges Mal war ich empört, als mein junger, übereifriger Cousin, auch er Medizinstudent, damals, fragte, ob Franzi denn nun ein Hermaphrodit sei. »Ja, natürlich!«, sagte ich: »... ein Wunderkind, von Hermes und Aphrodite höchstpersönlich gezeugt.«

2

»Vielen Dank für die Kastration«

Franzi 1-2 Jahre

Mein blaues Heftchen wurde von einem gelben abgelöst, das Franzi in den nächsten Jahren begleiten sollte, das sogenannte »Untersuchungsheft für Kinder«. Auf dem Deckel ist ein weißer Tipp-Ex-Fleck zu sehen, der das Symbol für männlich, die Kugel mit dem Pfeil unsichtbar machen sollte, daneben ist mit Kugelschreiber das Symbol für weiblich gezeichnet. Ähnlich wie mein blauer Mutterpass ist Franzis »Klassenbuch« voller Tadel und schlechter Noten, diskret in einem »Kennziffernkatalog« verschlüsselt.

Nr. 32 z.b. bedeutet »Fehlbildung des Genitals«. Das gelbe Heftchen wanderte häufig zwischen verschiedenen Ärzten hin und her, immer von einem Überweisungsformular begleitet, auf dem bei Diagnose »Hermaphroditismus« stand. »Wat isn ditte? Klingt ja wie aus nem Zirkus«, kommentierte einmal eine Sprechstundenhilfe den Zettel.

Das hat mich damals schwer getroffen. Ganz gewiss nicht die Taktlosigkeit der Praxisangestellten, die rührte ja von einer Ahnungslosigkeit her. Aber das Wort, also die Diagnose, so in die Nähe des »Freakigen« zu bringen, in die Nähe des Panoptikums, das hat mich schon sehr erschrocken. Mein kleines süßes Kind, das die Ärmchen nach mir ausstreckte und mich ganz normales Mutterglück fühlen ließ, hat doch nichts mit einem Freak, einem Monster gemein. Weit gefehlt, im Wiener Naturkundemuseum und wohl nicht nur da werden auch heute noch Embryos mit missgebildeten Genitalien in Gläsern ausgestellt. Würdelos. Dass sich aber intersexuelle Menschen in bestimmten Phasen ihres Lebens selbst als Monster empfanden, habe ich in den letzten Jahren in deren Lebensberichten gelesen und schmerzhaft zur Kenntnis genommen. Und mein Kind heute? Ich weiß es nicht. Eines Tages wird sie selber darüber berichten.

Nach zwei Jahren der Suche hatte ich mit Professor T. endlich den Arzt gefunden, der Franzi als normales Kind betrachtete. Das gelbe Heftchen sollte ich mal getrost in meiner Handtasche lassen, und ausziehen sollte ich Franzi auch nicht. Bei den vorgesehenen Routineuntersuchungen ließ er sie in seinem Behandlungszimmer herumkrabbeln und zeigte ihr, wo die Gummibärchen versteckt waren. Natürlich wusste Professor T., damals Chef der Kinderklinik, über Franzis Diagnose Bescheid, aber wir haben fast nie ein Wort darüber verloren. Das fand ich unendlich erleichternd, endlich ein Arztbesuch, bei dem es keine schlechten Zensuren gab. Franzi war gesund und munter.

Manchmal denke ich, dass sie eine gewisse »Zähigkeit« schon gleich im ersten Monat entwickelt hat, als sie als »Frühchen« im Wärmebett lag. Ich hab nie bei ihr Fieber gemessen, besaß gar kein Fieberthermometer, und an schlaflose Nächte am Bettchen kann ich mich auch nicht erinnern.

Gleich nach der Geburt hatte der Kinderchirurg der Klinik im minzfarbenen Kittel, für mich der »Gott in Minz«, uns ja zu verstehen gegeben, dass Franzi als Mädchen nur glücklich werden kann, wenn ihr die Gonaden, die laut Arztbericht sowieso verkümmert waren, herausoperiert und der kleine Penis – das Hautläppchen – entfernt würde. Die im Bauch liegenden Gonaden stellten ein Krebsrisiko dar und wenn sie in der Pubertät dann eventuell männliche Hormone produzieren sollten, könnten sie einer Entwicklung zum Mädchen hin entgegenstehen.

Der »Gott in Minz« wollte das Kind am liebsten sofort unters Skalpell legen. Wie ein Gott fühlte er sich berufen, den Kindern Operationen zuzuweisen, wie ein Gott war er unnahbar und ließ keinerlei Zweifel an seinem Tun zu. Wir aber entschieden uns trotzdem gegen eine sofortige Operation und zögerten sie fast zwei Jahre hinaus.

In dieser Zeit wuchs und gedieh Franzi, fing an zu krabbeln, zu laufen. Ein paar enge Freunde und die Familie wussten um ihr Schicksal. Aber für alle stand fest, dass sie ein Mädchen war. Ich habe sie nie rosa gekleidet, das war ja auch damals verpönt, geschlechtsneutrale, praktische Anziehsachen für Kleinkinder waren angesagt. Also die berühmten farbigen Latzhosen, so bequem, wenn das Kind gewickelt wurde, die kleinen Nickis und die ersten Lederschühchen ohne Schnürsenkel. Als ein Freund mit einer Mini-Lederhose aus Bayern ankam, hab ich zwar komisch geguckt, fand sie dann aber für den Sandkasten perfekt.

r Terrasse unserer Wohnung hatte ich etwas Sand aufschütten
ine Buddelkiste unter freiem Himmel, einen Spielplatz unter
enen Dach. Gleichaltrige Kinder von Freunden buddelten mit
Franzi um die Wette, versenkten Plastikautos, bewarfen sich mit Sand.
Franzi war um die zwei Jahre, als mich Wolfgang, ein befreundeter Vater, auf Franzis Minipenis ansprach. Es war heiß draußen und die Kinder
hatten sich ihrer Unterwäsche entledigt. »Na hoppla, was hängt denn da
zwischen Franzis Beinchen, das sieht ja recht komisch aus.« Diese Bemerkung sollte die baldige Operation auslösen.

Monatelang hatte Ruhe geherrscht. Ich hatte Franzis Zustand verdrängt, hatte mich entspannt. Sie entwickelte sich normal, nach der Krab-
belphase die ersten Gehversuche, und so etwas wie »Mama« und »Papa«
konnte sie auch schon artikulieren. Ich ging wieder auf Reisen, wenn auch
immer nur für ein paar Tage. Ich wusste mein Kind beim Vater geborgen,
der für die Zeit meiner Abwesenheit in meine Wohnung zog. Er hatte seine Vaterrolle voll und ganz akzeptiert. So konnte ich meine beruflichen
Aktivitäten wieder aufnehmen und nach Russland fahren, um Ausstel-
lungen russischer Avantgarde-Kunst in Berlin zu organisieren, Lesungen
mit Autoren aus Moskau und Leningrad, russische Theater zu Gastspie-
len einzuladen. Meine russischen Freunde haben sich mit mir über die
Geburt von Franzi gefreut, gegen deren »Untergewicht« gaben sie mir
schwarzen Kaviar lose oder in Dosen mit. Russische Großzügigkeit! Ich
sollte ihr jeden Tag ein Löffelchen Kaviar verabreichen, dann würde sie
zunehmen und schnell wachsen. Gesagt, getan. Sehr zum Neid und Ärger
einiger Freunde, die das als überflüssigen Luxus ansahen und den Kaviar lieber selbst gegessen hätten, wuchs Franzi mit Kaviar auf. Sie hat ihn
genossen, viel mehr als das Gemüse im kleinen Glas und die Kinderjo-
ghurts, die mit ihren Kalorien »so wertvoll wie ein kleines Steak« zu sein
versprachen. Auch während einer vegetarischen Periode in ihrer Jugend
konnte sie nur schweren Herzens auf den geliebten Kaviar verzichten.

Diese scheinbare Normalität wurde durch die Bemerkung des Freundes beendet. Keinesfalls wollten wir als Eltern unser Kind wegen der
»Missbildung des Genitals« verspottet sehen, auch stand völlig außer
Frage, das Kind immer nur mit Höschen herumlaufen zu lassen, während andere nackt herumtollen konnten.

Der schon erwähnte gütige Kinderarzt, Professor T., setzte sich mit seinem Kollegen, dem Kinderchirurgen im minzgrünen Kittel, in Verbindung, dem wir das Kind noch einmal vorstellen sollten. Eine quälend lange Wartezeit in der Klinik, ein völlig überfülltes Sprechzimmer, Professor W. galt als *die* Kapazität für chirurgische Eingriffe gleich welcher Art im kindlichen Genitalbereich. Am späten Abend wurden wir nach fünf Stunden langen Wartens endlich vorgelassen. Der Arzt war ja mit dem Fall vertraut, guckte noch einmal auf Franzis Hautläppchen: »Das muss weg, dann haben wir ein richtig süßes, kleines Mädchen. Und die verkümmerten Hoden nehmen wir auch gleich mit.« Widerspruch oder Infragestellung wird er nicht dulden, das war mir klar, aber dennoch wagte ich schüchtern zu fragen: »Wird das Kind denn jemals etwas sexuell empfinden können, wenn Sie das Läppchen entfernen?« Das Wort »Orgasmus« kam mir nicht über die Lippen.

»Das überlassen Sie mal uns, kümmern Sie sich darum, dass die Kleine groß wird. Wenn sie später will, zaubern wir ihr eine anständige Vagina hin. Operation in einer Woche. Der nächste bitte!«

Der Kinderchirurg ist 2007 gestorben, er gilt heute in der XY-Szene als äußerst umstritten. Als sich zu Beginn der 1990er Jahre die ersten XY-Erwachsenen zusammentaten und damit begannen, ihre Erfahrungen auszutauschen, wurde er heftig kritisiert. Er soll operiert haben, ohne die Eltern genau über die Konsequenzen der Gonadektomie informiert zu haben, in einigen Fällen auch ohne ihr Einverständnis, vom Einverständnis der Kinder einmal ganz abgesehen.

Der Tag der Operation nahte. Zähne zusammenbeißen, sagte ich mir. Unwillkürlich ging mir eine Begebenheit mit meinem Vater durch den Kopf: Als Kind hatte ich mich damals in der Klinik, in der er immer mittwochs operierte, verlaufen und war auf der Suche nach ihm zufällig im OP gelandet. Da stand er in Kittel und Mundschutz am Operationstisch und bediente mit seinen für Chirurgen typischen Wurstfingern ein Skalpell und schnippelte vorsichtig an einem Stück Bauch herum. »Na siehste«, sagte er später zu mir, als er sich die Finger unter dem Wasserhahn abschrubbte: »… jetzt haste bei 'ner Operation zugesehen und hast nicht schlappgemacht.« Diese Szene hat mir großes Vertrauen in chirurgisches Können eingeflößt.

Wir brachten Franzi ins Klinikum, gaben sie im Vorraum des Operationssaals ab. »Wie ein Lämmchen zur Schlachtbank«, murmelte Georg. Schweigend gingen wir zu einer nahe gelegenen Kneipe. Wir fanden keine tröstenden Worte füreinander.

Wir hatten in den letzten Wochen ausführlich über das Für und Wider der Operation gesprochen. Für Georg war der Schritt vielleicht noch schmerzhafter als für mich, er empfand ihn als »Einmischung in Gottes Plan«, nur zögernd hatte er in die Operation eingewilligt. Ich wollte »klare Verhältnisse« schaffen und die Operation endlich ausgeführt wissen. Dass ich mit dieser Einstellung damals genau die gesellschaftlichen Erwartungen nach Eindeutigkeit im Geschlecht erfüllte, das ist mir erst viel später, nach und nach klar geworden.

Als mich Franzi einmal, da war sie schon fünfundzwanzig und hatte Kontakt zur XY-Selbsthilfegruppe, ganz direkt fragte: »Warum habt ihr mich damals kastrieren lassen?«, fiel mir auf, dass mir das Wort »Kastration« in ihrem Zusammenhang überhaupt nie in den Sinn gekommen ist.

Bei Kastration dachte ich an Haremswächter, denen man die Hoden abgetrennt hat, oder gleich das ganze Geschlechtsteil, damit sie nicht die Haremsdamen, die dem Sultan vorbehalten waren, heimlich bestiegen. Oder ich dachte an Zwangskastrationen während des Dritten Reichs. Auf jeden Fall: Kastration erweckt Assoziationen von Zwang, und zur Entfernung der Gonaden hat uns keiner »gezwungen«, die wurde nur dringend angeraten. Allerdings musste ich mich damals der Tatsache stellen, dass mit der Entfernung der Gonaden bei Franzi eine irreversible Entscheidung getroffen worden war. Ihr Körper würde nie mehr eigene Hormone produzieren können, lebenslang muss sie lebensnotwendige Hormone substituieren.

Heute hat sich die Sicht auf Operationen und geschlechtsangleichende Korrekturen grundlegend verändert. Es gibt eine Fülle von Informationen für Eltern mit einem Intersex-Kind, psychologische Beratung gleich nach der Geburt ist fast selbstverständlich. Die entscheidenden Operationen sollen möglichst erst auf Wunsch eines dann schon erwachsenen Menschen durchgeführt werden.

Franzis Kastrationsvorwurf kann ich heute verstehen, kann ihr meine Entscheidung, unter den damaligen Umständen, aber erklären.

3

»Bloß nicht die Wahrheit sagen«

Franzi 4-12 Jahre

Unser Kinderladen hieß »Why not?«. Das Motto gefiel mir natürlich, es klang angenehm unkonventionell. Die Eltern? Anwälte, Lehrer, Ärzte, männlich, weiblich, allein erziehend, getrennt, geschieden, die berühmte Berliner Kinderladen-Mischung der 1980er Jahre. Geschlechtergleichstellung in der Erziehung war die Parole, jedes Kind sollte sich so entwickeln, wie es wollte und sich nicht von herkömmlichen Rollenmustern eingeengt fühlen. Also waren Latzhosen und Jeans für alle an der Tagesordnung, diverse Stofftiere, aber keine Barbie-Puppen, pädagogisch wertvolles Holzspielzeug. Märchen, in denen Prinzessinnen von Räuberhauptmännern oder Prinzen gerettet wurden, waren verpönt. Hoch im Kurs standen die Ninja-Turtles, die sprechenden Riesenschildkröten und die Schlümpfe, zwar aus Plastik, aber mehr oder weniger geschlechtsneutral. Franzi fühlte sich wohl im Kinderladen, den auch ihr bester Freund, der Cousin Iwan, besuchte.

Schon am ersten Tag entdeckte die Erzieherin, als sie Franzi umzog, die Narben auf dem Bauch und stellte fest: »Oh, die Kleine hat auch schon eine Leistenbruch-Operation hinter sich!« Keiner wusste, dass Franzi schon eine ganz andere Operation hinter sich hatte, denn wir hatten ja beschlossen, niemanden rund um den Kinderladen in ihr besonderes Schicksal einzuweihen, es einfach zu verschweigen. Die Bemerkung der Erzieherin hatte mich aber doch, wie so oft verunsichert, ich fühlte mich alleingelassen mit dem »Geheimnis« um Franzis Geschlecht.

Das Schweigen war sehr belastend, und eines Tages hielt ich es nicht länger aus, ich musste einfach über ihr Schicksal sprechen: Wir Eltern saßen nach einem gemeinsamen Sonntagabendessen noch zusammen – die Kinder tobten in Nikos Kinderzimmer –, ich tauschte mit seiner

Mutter Hiltrud die letzten Kinderladen-Neuigkeiten aus, wir zogen noch ein bisschen über andere Eltern her, stellten die Krankmeldung des Erziehers in Frage. Schließlich kamen wir auf frühkindliche Sexualität und das Sexualverhalten unserer Kinder zu sprechen.

Da war nichts Ungewöhnliches zu berichten, sie wurden häufig gemeinsam in die Badewanne gesteckt, gingen wohl auch manchmal gemeinsam auf die Toilette im Kinderladen. Ob sie die berühmten heimlichen Doktorspiele mit der Entdeckung ihrer unterschiedlichen Geschlechtsteile verbanden, das wussten wir nicht. Heikles Terrain für mich. Um Sachlichkeit bemüht, aber trotzdem unter Tränen erzählte ich Hiltrud von Franzis besonderem Schicksal. Von ihrem Geheimnis, von dem sie ja noch nichts wusste, von Geburt, Diagnose, Operation.

Hiltrud nahm mich einfach in den Arm, sagte nichts, zum Glück. Was hätte sie auch sagen sollen? Es war ja wohl auch für sie etwas völlig Unerwartetes, damit hatte sie nicht gerechnet. Ich aber war sehr erleichtert, hatte ich jetzt doch eine »Mitwisserin«, die Mutter eines von Franzis Kinderladenfreunden. Wir haben dann Franzis »Anderssein« gar nicht so häufig thematisiert, das war nicht nötig. In keiner Weise veränderte Hiltrud ihr Verhalten, erzählte wohl auch ihrem Ehemann nichts davon. Auch ich vergaß immer öfter Franzis Anderssein.

Dass sie sich mehr zu den Jungs hingezogen fühlte, war ja ganz im Sinne der damals herrschenden Tendenz, über Jahrtausende geprägte Rollenzuweisungen in Frage zu stellen. Franzi gehörte zu einer kleinen Jungs-Clique. In dieser Vierer-Bande herrschten geradezu demokratische Verhältnisse, es gab keinen Anführer, keiner wurde ausgegrenzt. Das hat sicherlich auch damit zu tun, dass wir Eltern uns gut verstanden und etwa an Wochenenden oder in den Ferien viel Zeit miteinander verbrachten, uns gegenseitig zum Essen einluden oder gemeinsam in die Kneipe zogen, die Kinder immer im Schlepptau. Natürlich konnten die Vier einem auch mächtig auf die Nerven gehen, wenn sie auf ihren Bobby-Cars brüllend durch die Straßen fegten, wenn sie sich beim Picknick am Strand unbedingt zur Pommes-Bude durchschlagen mussten, wenn sie bei gemeinsamen Übernachtungen mit der Kissenschlacht einfach nicht aufhören wollten. Heute glaube ich, dass Franzi bis zu ihrem Schuleintritt eine »normale« Kindheit gelebt hat. Sie wurde unendlich geliebt, von Eltern, Verwandten, Freunden. Konnte spielen, mit wem sie wollte, konnte anziehen, was sie wollte, konnte essen, was ihr schmeckte. Die damalige Zeit, diese Jahre der angestrebten »Geschlechtsneutralität«, haben mir geholfen. Franzis Verhalten ging aber doch über die »Geschlechterneutralität« hinaus. Häufig beobachtete ich an ihr ein ausgesprochen jungenhaftes Verhalten.

In der schicken Kinderboutique etwa wollte ich ihr etwas Besonderes schenken, natürlich kein Kleidchen oder Lackschühchen, sondern einen Nicki mit Gänseblümchen drauf. Nix. Zielsicher griff sie zu einem Pullover mit aufgestickter Rakete. Zum Familienfest wollte ich ihr ein paar rote Slipper kaufen, mit turnschuhartigen Tretern verließen wir den Laden. Irgendwann hab ich mich dann darauf eingestellt, nicht mehr irgendetwas »Weibliches« bei ihr betonen zu wollen, oder gar herauszulocken: Ich ging auf Schlafanzug im Löwenmuster und jede Menge Pferde auf T-Shirts und Hemden über.

Hat mich ihr »jungenhaftes« Verhalten aus der Fassung gebracht? Es hat jedenfalls immer ein bisschen gekniffen. Ich konnte aber gut damit umgehen, es waren nur winzige Momente der Verunsicherung, etwa, wenn jemand feststellte: »Das ist ja wohl ein Junge, sieht jedenfalls ganz so aus.« Dann hab ich erwidert: »Sie verhält sich auch ganz so, aber das kann in ihrem Leben als Frau ja nur von Vorteil sein«, oder mit: »Ich bin froh, dass sie nicht mit Barbie-Puppen spielt.« Diese Antworten habe ich mir ganz bewusst antrainiert, ich wollte nicht zeigen, wie verunsichert ich war, dass die Aussage »Junge« richtig war, jedenfalls was den Chromosomensatz betraf. Ich bewundere die Eltern heute, die mit der Intersexualität ihres Kindes offen umgehen und auf die Gretchenfrage antworten: »Beides«. Vor zwanzig Jahren war Eindeutigkeit gefordert, erst ganz langsam und zögerlich entwickelt sich in der Gesellschaft ein anderes Bewusstsein. Was aber hab ich tief in mir gefühlt, wenn ich immer wieder auf diese Frage reagieren musste?

Da war immer noch das schlechte Gewissen, hatte ich doch durch meine Entscheidung, sie als Mädchen großzuziehen, in ihr Schicksal eingegriffen. Unumkehrbar. Gonaden für die Hormonproduktion würde sie nicht noch einmal entwickeln können. Es drückte gewaltig, dieses schlechte Gewissen. Aber mit der Zeit lernte ich, Franzi nicht mehr als

Mädchen oder Junge zu betrachten, sondern als eigenständiges Wesen. Als »Gesamtmenschen«. Als »Gesamtkunstwerk«.

Sie forderte mich jeden Tag heraus, ihre Beobachtungen, Bemerkungen, ihr Verhalten entschädigten mich für alle Zweifel, für alles »schlechte Gewissen«. Am liebsten nahmen wir unsere Räder, ihres mit Stützrädern, fuhren ins nahe gelegene Freibad, und ließen es uns bei Limonade und Comicheften, natürlich auch hin und wieder beim Vorlesen von Märchen, einfach gut gehen. Oder wir setzten uns in den Regionalexpress und fuhren ins Blaue. Schon die Zugfahrt konnte abenteuerlich sein, wenn sich Franzi unbemerkt in andere Waggons aufmachte und erst nach längerem Suchen wieder auftauchte, wenn sie sich geschickt im Gepäcknetz versteckte und dergleichen mehr. Sie war ein Wildfang und das gefiel mir! Meine Aufgabe war doch, ihr möglichst viel Selbstvertrauen und Zuversicht zu vermitteln. Leicht gesagt.

Franzi hatte noch einen weiteren Freund und Betreuer, meinen ersten Ehemann. Dem wurde Franzi noch nach unserer Scheidung in den Pass eingetragen. Noch neun Monate nach einer Scheidung gilt ein Kind als legales Kind des ehemaligen Ehemannes. Vermutlich war der Passeintrag die Initialzündung für eine lebenslange Freundschaft. Franzi konnte gerade laufen, da nahm Joseph sie mit in den Zoo.

Es gibt ein Erinnerungsphoto vom ersten Ausflug – der Zoophotograph, der damals noch ein kleines Studio im Kinderzoo hatte, hat mit seiner Kamera unter dem schwarzen Tuch eine strahlende Franzi mit einem Leopardenbaby im Arm geknipst.

Franzis Lieblingsgehege war das kleine künstliche Gebirge mit den Raubtieren. Aber nicht der König der Tiere war ihr Favorit, sondern die Tüpfelhyäne. Die konnte man allerdings nur nachts beobachten, und so zogen Joseph und Franzi zu später Stunde ins Raubtierhaus, das an bestimmten Tagen auch nachts geöffnet war. Um Mitternacht kamen sie zurück, Franzi war tief beeindruckt vom Verhalten der Hyänen, die ihre Jungen im Maul herumtrugen. Dass für die Forschung diese Tiere besonders interessant sind, weil sie nämlich angeblich Zwitter sind, dass konnte sie damals noch nicht wissen. Ihr Interesse am Zoo verlor sich von heute auf morgen, als sie als Teenager die Broschüre »Freiheit für alle Tiere aus dem Tierknast«, die vor dem Zooeingang verteilt wurde, in die Hände bekommen hatte.

Aber nicht nur die regelmäßigen Zoobesuche mit Joseph in den Kinderjahren, der bald auch im Kinderladen »Zoopapa« genannt wurde, sollten zu einer Konstante in Franzis Leben werden. Er nahm sie und ihre Freunde an Wochenenden mit auf Reisen und Erkundungstouren durch das Umland, bei denen er für Naturfilme recherchierte. Franzis besonderes Interesse an Haustieren und dem Leben auf dem Lande haben sicherlich hier ihren Ursprung. Auch ihre Vorliebe für die kleinen italienischen Lieferwagen mit den drei Rädern. Ihr Traum war es, damit mit Joseph durch Italien zu rattern.

Ich blättere in Photoalben und sehe Franzi als Kinderladenkind. Viele Photos aus jenen Vorschuljahren zeigen eine etwas verträumte, häufig auch lächelnde Franzi: Auf dem kleinen Fahrrad mit den Stützrädern, mit dem Stoffbär Mollibrumm, beim Faxenmachen mit Iwan und Niko, beim Ostereiersuchen im Schnee bei den Großeltern im Schwarzwald. Schnitt. Franzi als Schulkind, da blickt mich ein trauriges Kind an. Nur auf Photos mit Tieren, mit Hunden, Katzen wirkt sie entspannt, sogar mit einer kleinen Ratte, ihr Blick ist versonnen auf das Tier gerichtet.

Im Kinderladen war nicht aufgefallen, dass sie oft unruhig war und sich nicht recht konzentrieren konnte. Wenn sie mit ihren Jungs spielte, hatte sie die ausgefallensten Ideen. Dass sie selbständig und umsichtig war, zeigte sich auch darin, dass sie schon mit fünf Jahren allein kürzere Strecken mit der S-Bahn fahren konnte. Mit Lernschwierigkeiten in der Schule hatten wir nicht gerechnet. Und die kamen dann massiv. Franzi wollte dem Unterricht nicht folgen, stand häufig auf, sprang auf Tische und Stühle, schwatzte mit ihren Mitschülern. Sie spielte den Klassenclown. Warum? Spürte sie schon damals etwas von ihrem Anderssein? Sie fand keine Ruhe, ruhte nicht in sich, irgendetwas muss sie zutiefst verunsichert haben. Äußerlich war sie ein Mädchen, daran bestand für ihre Umwelt kein Zweifel, aber wie mag es wohl in ihrem Inneren ausgesehen haben? Ihre Erinnerungen an jene Jahre sind verblasst oder unscharf, so sagt sie selbst. Heute aber weiß man, dass intersexuelle Kinder schon sehr früh spüren, dass irgendetwas bei ihnen anders ist.

Häufig mussten und müssen sie beschämende Arztbesuche über sich ergehen lassen, Aufenthalte in Krankenhäusern, während derer eine ganze Ärzteschar das Genital betrachtet. Franzi blieb all dies erspart. Nach der kurzen Zeit der Unklarheit gleich nach der Geburt war sie ein Mädchen, ärztliche Konsultationen sah das Programm noch nicht vor.

Gemeinsam mit der Grundschullehrerin trafen wir die Entscheidung für Franzis weiteres Schulschicksal: Wir meldeten sie in einer Waldorfschule an. Vorher fuhren sie und ich in ein Chalet in die Schweiz. Zum ersten Mal sah Franzi richtig hohe Berge, Felsmassive, Wasserfälle. Sie war beeindruckt und neugierig, furchtlos kraxelte sie auf Felsen, stapfte über Schneefelder, kletterte auf Gletscher; sie war selig. Den weiten Blick über die Berge hielt sie in einem »Ferientagebuch«, ihrem Schreibheft fest. Freiwillig. Die Begeisterung für das Gebirge ist für ein siebenjähriges Kind recht ungewöhnlich. Ich erinnerte mich an meine Kindheit, als wir bei Wanderungen in den Schweizer Bergen immer nur maulten und Schwindelgefühle vortäuschten. Einige Jahre später sah ich den Dokumentarfilm »Das verordnete Geschlecht« über das Leben eines Intersexuellen, Michael Reiter schildert darin sein Schicksal. Auch er beschreibt seine Emotionen in der Bergwelt, am freiesten aber fühlte er sich über den Wipfeln, einsam, aber frei ...

Wir sollten in den kommenden Sommerferien immer wieder in die Berge fahren, Franzis ausgesprochene Vorliebe hat sie geradezu in eine Alpinistin verwandelt. Und weil sie so gerne schwamm, schon mit sechs Jahren das sogenannte »Kleine Seepferdchen« machte, war ihr kein Bergsee zu kalt. Allerdings musste ich sie schon damals beim Umkleiden in diverse große Handtücher hüllen, auch wenn weit und breit kein Mensch zu sehen war. Da war sie ungefähr elf Jahre alt. Schämte sie sich ihres Körpers? Ihres Andersseins?

Als ich nach den Ferien den beiden Lehrerinnen der anthroposophischen Schule etwas von Franzis Geschichte erzählen wollte, winkten die ab. Der Erdgeist habe die Menschen erschaffen und so müssten wir sie akzeptieren. Zwitterwesen eingeschlossen, obwohl beide kaum etwas darüber wussten. Der Unterleib und erst recht das Geschlechtsleben waren für sie ein Tabuthema. Im Unterricht ging es ihnen erst einmal um die Geschicke von Wichtelchen und Wachtelchen, von Zwergen, Feen und Geistern im Wald.

Aber Sex gab es offensichtlich doch im Lehrerkollegium. Der Eurythmielehrer muss gleichzeitig mehrere Handarbeitslehrerinnen geschwängert haben, deren Kinder alle die Schule besuchten, unter vorgehaltener Hand wurde er nur der »Steiner-Bock« genannt.

Für Franzi war der Schulwechsel die richtige Entscheidung. In den großen Klassenverbänden fielen die Schüler, die nicht sofort Lesen und Schreiben konnten, nicht weiter auf. In ihrer Klasse waren an die 35 Kinder versammelt, jedes Kind sollte einen Freund oder eine Freundin finden. Franzi freundete sich mit zwei Jungs an, die als Rabauken galten und häufig »an die frische Luft« geschickt wurden, eine pädagogische Maßnahme, um sie zur Ruhe zu bringen. Bald aber wurde diese Freundschaft von einer anderen, tieferen abgelöst: Eines Tages kam ein neues Mädchen in die Klasse, Anschara, ihre Mutter ist Inderin. Sie fand nicht sofort Anschluss an die Klassengemeinschaft, sie galt als Außenseiterin, schon wegen ihres schwäbelnden Akzentes. Franzi war vom ersten Augenblick an von diesem Mädchen fasziniert, von ihrem ungewöhnlichen Äußeren mit der dunkleren Haut und dem rabenschwarzen Haar, aber auch von ihrer Courage, denn Anschara lehnte es strikt ab, am Eurythmie-Unterricht teilzunehmen, und diese Verweigerung passte in Franzis Konzept, denn auch sie hasste die täglichen eurythmetischen Übungen, mit denen der Unterricht begonnen wurde. Ab sofort lehnte auch sie diese besondere Art der Gymnastik ab und zog bei Schulbeginn weder die Gymnastikschuhe noch ihr Eurythmie-Hemd an. Ich konnte Franzis Einstellung nachvollziehen, denn auch mir war dieses Fach nicht ganz geheuer. Dieser kleine Aufstand der zwei Schülerinnen traf die Steiner-Schule natürlich an den Wurzeln, und wir Eltern wurden zu einem Gespräch einbestellt. Franzi beschwor mich, doch bloß nicht mit grünem Lidschatten zu diesem Elterngespräch zu erscheinen, denn Schminke würde »bei Steiners« nicht gern gesehen und würde sofort die Stimmung vermiesen. Sie hatte also schon ihre Antennen für atmosphärische Schwingungen und deren Störungen. Das Gespräch verlief dann aber ganz friedlich, und die beiden Mädchen wurden von der Eurythmie freigestellt, mussten dafür aber in der Zeit am Singen teilnehmen. Das taten sie sehr gern. Ihre Freundschaft dauert bis heute an.

Franzi fand Spaß am Schreiben und kritzelte kleine Geschichten in ihr Heft. Diese Vorliebe verdankt sie sicher der Geduld ihrer Lehrerin, die trotz der Größe ihrer Klasse auf die Fähigkeiten ihrer Schüler einging und sie förderte. Atlanten waren in der Schule verpönt, die Kinder wurden zum Zeichnen von Gebirgen, Meeren, Flüssen, Straßen angeregt. So ist das Zeichnen von Land- und das Lesen von Straßenkarten auch heute noch eine Spezialität Franzis. Einen »Navy« hält sie für überflüssig. Schwieriger wurde es beim Nähen, Stricken und Sticken, da fehlte ihr die Geduld. Aber Basteln und Bauen, das lag ihr, da tat sie sich hervor. Über einige Monate, einer »Epoche« im Lehrplan der Anthroposophen, zimmerte die Klasse – von den Plänen übers Richtfest bis zur Einweihung – im Schulgarten ein großes Holzhaus, in dem die Kinder sogar stehen konnten. Franzi wurde zum Zimmermann gewählt und hatte die Verantwortung für die Verarbeitung der Bretter. Mit großem Geschick schwang sie den Hammer und nagelte mit Leidenschaft ihre Bretter zusammen. Hin und wieder war auch ein blauer Fingernagel die Folge. Aber ob nun Zimmermann oder Zimmerfrau, das spielte keine Rolle.

Eines Tages kam Franzi vom Schulausflug nach Haus und rief mir schon unter der Tür zu: »Ab heute esse ich keine toten Tiere mehr. Du kannst dein Hühnerfrikassee gleich wegwerfen, ab heute bin ich Vegetarierin!« Was war passiert? Franzi hatte auf einem Hof während eines Schulausflugs mit ansehen müssen, wie ein Hahn geschlachtet wurde: Kopf ab mit dem Beil, das arme Vieh flatterte noch ohne ihn herum, bevor es gerupft und ausgenommen wurde. Dieses Erlebnis hat sie so erschreckt, dass sie spontan beschloss, ab sofort auf Fleisch zu verzichten. Und gemeinsam mit ihrer Freundin Anschara verfasste sie ein Pamphlet, in dem zum Fleischverzicht aufgerufen wurde: »Wer Fleisch isst, macht sich zum Mitmörder! Leute, hört auf, Tiere umzubringen, nur damit ihr Fleisch essen könnt!«, lautete die Forderung. Die Mädchen vervielfältigten das Flugblatt, setzten sich mit einem kleinen Tischchen auf die Straße, verteilten es an Passanten und versuchten, sie in ein Gespräch über ihr Anliegen zu verwickeln. Das geschah sicher auch durch den Einfluss der Steiner-Schule, ist aber auch Ausdruck von Franzis Neigung zu radikalen Forderungen.

4

»Unter Hitler wäre ich ins KZ gekommen«

Franzi 13-18 Jahre

Als Franzi dreizehn wurde, nahmen wir wieder Kontakt zur Klinik auf. Zu Frau Dr. K., der Endokrinologin, die von nun an für sie zuständig sein sollte, hatte Franzi auf Anhieb einen guten Draht. Bei den ersten Konsultationen war ich noch dabei, später dann ließ ich die beiden allein und wartete im Korridor der Klinik. Die neue Ärztin gefiel auch mir durch ihr sicheres Auftreten sofort, sie war immer freundlich und einfühlsam, aber nie distanzlos. Ihr Verhältnis zu Franzi war von Anfang an herzlich, und, was für mich so wichtig war, sie hatte sich in ihren Fall ganz besonders vertieft.

Oft hab ich mit ihr beraten, wann und wie ich Franzi über ihre Identität aufklären sollte. Wir vereinbarten schließlich eine Rollenteilung, sie wollte den medizinischen Part übernehmen, ich sollte Franzi von der Geburt und über die Gonadenentfernung berichten.

Lange unterhielt sich Frau Dr. K. mit ihr und erklärte ihr, dass in ihrem Körper keine Gebärmutter angelegt sei und dass sie später keine Kinder bekommen könnte. Franzi nahm es mit einer gewissen Gleichmut auf und stellte keine weiteren Fragen. Daheim wollte ich mit meinem Part der Aufklärung beginnen. Es fiel mir unsagbar schwer. Wann ist der richtige Zeitpunkt, die geeignete Situation?

Als ich ihr eines Tages von den besonderen Umständen ihrer Geburt erzählen wollte, schien sie das nicht zu interessieren. »Mama«, winkte sie ab, »ich weiß, dass da was mit meinem Unten-Loch nicht stimmt«, und damit war das Thema für sie beendet. Sie wollte bei allem Vertrauen nicht mit mir über dieses Thema reden. Wahrscheinlich, weil ich ihr der nächste Mensch war, bewahrte sie Distanz. Das abrupte Ende des Gesprächs habe ich trotzdem sofort mit einer gewissen Erleichterung akzeptiert.

Einmal fuhren Franzi und ich mit dem Auto zum weit entfernten Internat. Unterwegs wurde getankt, in der Raststätte eingekehrt. Franzi besuchte die Damentoilette. Im Laufschritt kam sie zu mir ins Restaurant. Man habe sie aus der Damentoilette rausgeworfen, berichtete sie zornig. Das kann doch wohl nicht wahr sein, sie wirkte zwar jungenhaft in ihren Cordjeans und den Turnschuhen, aber wieso nehmen sich Frauen das Recht heraus, ein Kind oder einen Teenager aus der Toilette zu weisen? Als ich den Ort gemeinsam mit Franzi aufsuchte, waren sie weg. Franzi war verstört. Die erste direkte Konfrontation mit ihrem uneindeutigen Geschlecht, die erste offene Diskriminierung. Wie damit umgehen? Ich war ratlos, rang nach Worten, hatte das Gefühl zu versagen. Platte Sprüche wie: Mach dir nichts draus, verkniff ich mir, wagte aber auch nicht, das bewusste Thema – ihr Anderssein, weder als Mann noch als Frau, weder als Mädchen noch als Junge von der Gesellschaft anerkannt zu werden –, anzusprechen. Mit den Tränen kämpfend nahm ich sie in den Arm und wir gingen schweigend zum Auto. Franzi schob eine Musikkassette ein und kommentierte den Vorfall lakonisch: »Von jetzt ab pinkele ich nur noch im Freien.«

Wieviele Intersexuelle mögen ähnliche, erniedrigende Erfahrungen gemacht haben? Heute ein schwacher Trost: »Kreuzberg pinkelt bald unisex«, so der Titel eines Artikels in der TAZ (Die Tageszeitung) im Februar 2013, einer Idee der Piratenpartei zufolge sollen in Kreuzberg-Friedrichshain »überall dort, wo es möglich ist, zusätzlich zu den getrennten Toiletten für Männer und Frauen eine entsprechende Räumlichkeit für alle Menschen geben –, auch für die, die sich keinem dieser beiden Geschlechter zuordnen«.

Frau Dr. K. empfahl uns Knut W., einen Psychotherapeuten, der sich als einer der ersten in Deutschland mit dem Schicksal von Intersex-Kindern aller Ausprägungen beschäftigte. Bei meinem vorbereitenden ersten Besuch in seiner Praxis erzählte ich ihm von Franzi. Ziemlich kühl nahm er meinen Bericht entgegen. Dann besuchte ihn Franzi allein, das war so vorgesehen. Bei unserem nächsten Treffen zeigte er mir eine Zeichnung von ihr, aus der er interpretierend las, dass sie sich völlig »hauslos«, also »heimatlos« fühle. Das hat mich erschüttert. Ich hatte mir doch vorgenommen und geglaubt, ihr eine besonders glückliche und behütete Kindheit ermöglicht zu haben. Nach außen hat das wohl gestimmt, denn sie wuchs behütet auf, geliebt von Eltern, Freunden, Großfamilie. Aber was wirklich in ihr und in ihrem Unbewussten vorging, davon wusste ich nicht nur wenig. Ich wusste nichts. Knut W. erklärte, dass nach seinen Erfahrungen intersexuelle Kinder schon sehr früh spüren, dass mit ihnen nicht alles »normal« verlaufe, dass sie irgendwie anders seien. Und dass es für Eltern wichtig sei, das »Anderssein« ihres Kindes nicht nur zu akzeptieren, sondern sogar als eine Bereicherung zu empfinden. Das habe ich erst nach und nach lernen können.

Franzi redete und redet auch heute wenig über ihre Gefühle. Ein flüchtiger Kuss oder die Hand, die manchmal nach meiner greift, wenn wir zusammen auf meinem Bett liegen, das sind die kleinen Zeichen ihrer Nähe, ihres Vertrauens. Und ich habe gelernt, diese Gesten als Zeichen besonderer Liebe und Zuneigung zu schätzen. Ihr Vertrauen mir gegenüber drückt sich nicht in Gesprächen über ihr Inneres aus. Über ihr »Anderssein«, darüber spricht sie mit ihren Freund_innen, tauscht sich heute mit den anderen XY-Frauen aus. Von mir fordert sie, dass ich einfach da bin und sie akzeptiere, so wie sie ist. Ich habe gelernt, ihr »Anderssein« von mir aus nicht zu thematisieren und sie nicht mit Fragen wie: »Fühlst du dich nun mehr als Junge oder Mädchen?« zu behelligen. Natürlich lag und liegt mir die Frage oft auf der Zunge, aber Franzi signalisiert: »Kein Gesprächsbedarf mit der Mutter.«

Bis heute will sie selbst den Takt für die Gespräche über ihre Intersexualität vorgeben und ihr »Anderssein« nicht permanent thematisiert wissen. Oft denke ich darüber nach und versuche, ihre Haltung für mich zu deuten: Sie fühlt sich bestimmt als Außenseiterin, andererseits will sie von der Gesellschaft »normal« wahrgenommen und nicht ausgegrenzt werden. Das verlangt sie auch von mir, ihrer Mutter. Ich soll für sie – soweit als eben möglich – den Alltag regeln. Punkt. Wie gehe ich damit um? Bin ich gekränkt, gar beleidigt über den »Vertrauensentzug«? Ich könnte ihr doch so viel und so gut erklären, hab mir doch in den letzten Jahren so viel über das Thema angelesen! Ja und nein, es ist ein immerwährender lebenslanger Lernprozess, einfühlsam, feinfühlig mit einem besonderen Kind umzugehen und sich über kleine, manchmal kleinste Zeichen zu freuen: Wenn Franzi etwa für mich Küchenkräuter pflanzt, weil sie weiß, dass ich keinen grünen Daumen habe, wenn sie nur für mich ein Gedicht über die Raben schreibt, weil sie weiß, dass das meine Lieblingsvögel sind. Aber auch der Vater, Georg, den sie häufig sieht, bekommt von ihr kleine Liebesbeweise der besonderen Art.

Im Zooladen hatte Franzi sich eine kleine Ratte gekauft, wie es damals Mode war, besonders bei Punks, die mit den kleinen Tieren herumliefen und wohl die Gesellschaft schockieren wollten. Franzis kleine Ratte hieß Bruno, und um Bruno drehte sich alles in der väterlichen Wohnung. Er war zutraulich und wurde über Wochen von den beiden gehegt und gepflegt. Sie legte sogar extra ein kleines Heft an, um Brunos Entwicklung festzuhalten.

Auch gegenüber Georg thematisierte sie ihr Anderssein nicht. Das weiß ich von Georg, mit dem ich immer noch hin und wieder versuche, darüber zu reden. Die Gespräche verlaufen zäh und enden meist in sachlichen Erwägungen, wer holt Franzi wann wo ab und bei wem übernachtet sie. Für Georg ist und bleibt Franzi der Lebensmittelpunkt, aber mit ihrem Besonders-Sein kann er sich nur schwer abfinden. Vielleicht erhält er Trost in seiner Kirche, ich kann es nur hoffen. Manchmal hab ich das Gefühl, er empfindet Franzis Schicksal als persönliche Schuld, als Schmach. Dunkle Erwägungen. Nicht einmal Freunde oder Bekannte dürfen ihn auf dieses Thema ansprechen. Als er einmal erfuhr, dass ich eine meiner Freundinnen in ihr Schicksal eingeweiht habe, fühlte er sich so angegriffen, dass er wochenlang kein Wort mit mir gesprochen hat.

Und heute? Wie fast jedem Kind liegt Franzi viel daran, dass sich ihre Eltern gut verstehen, auch Familienfeste zusammen feiern und dergleichen mehr. Das schaffen wir auch, halten uns an Ritualen fest, bemühen uns um Harmonie. Im Laufe der Jahre hat sich unser »Verhältnis« entspannt, aber ich kann nicht sagen, dass Georg mir eine Stütze im Leben mit Franzi gewesen wäre. Aber umgekehrt, ich ihm wohl auch nicht.

Am Ende der Grundschulzeit haben wir uns schweren Herzens entschlossen, Franzi auf ein Internat zu schicken. Ihre schulischen Leistungen waren mäßig, ich wollte sie nicht in die Hauptschule um die Ecke stecken, in der die Lehrer mit ganz anderen Problemen schon überfordert waren. Ein Internat mit kleinen Klassen, in dem jedes Kind spezieller Aufmerksamkeit sicher sein konnte, schien uns die beste Lösung zu sein.

Als ich vor ihrer Aufnahme mit den Lehrern sprach, thematisierte ich auch ihre Geburt, die Entfernung der Gonaden und ihre »weibliche« Identität. Ich erklärte ihnen, dass Franzi über ihr »Anderssein« aufgeklärt sei, und bat die Lehrer um Diskretion und um besonders taktvolles, einfühlsames Umgehen mit unserem Kind. Das wurde mir zugesichert.

»Unter Hitler wäre ich doch umgebracht worden.« Diesen Satz warf mir Franzi an den Kopf, als sie etwa fünfzehnjährig vom Internat nach Hause kam. In der Schule hatten sie gerade die Nazizeit durchgenommen und ein nahe gelegenes Konzentrationslager besucht. Ich war erschrocken, ratlos und völlig unvorbereitet auf eine solche Aussage. Dass das hätte zutreffen können, das wäre mir nicht in den Sinn gekommen. Ich nahm sie in den Arm und stammelte: »Aber Gott sei Dank lebst du heute«. Ich erinnere mich genau, wie wirr meine Gedanken damals waren, denn für mich war Franzi natürlich nicht »behindert« oder ein potentielles Opfer des wahnwitzigen Euthanasie-Programms der Nazis. Aber was wäre, wenn? Und Franzi, was mag sie gefühlt haben, als sie von der »Aktion T4«, die die Tötung von körperlich und geistig behinderten Kindern vorsah, im Konzentrationslager gehört hat? Wie mag sie diesen Schultag, den KZ-Besuch überstanden haben?

Mich hat ihre Äußerung: »Unter Hitler wäre ich umgebracht worden«, nie mehr losgelassen und ich habe Kontakt zu verschiedenen Gedenkstätten aufgenommen, um darüber weiter zu recherchieren.

Franzi hatte eindeutig einen Hang zum Außenseitertum, denn so muss sie sich ja oft gefühlt haben. Sie setzte sich zu Punks auf die Treppen der S-Bahn, organisierte Knochen für deren Hunde. Sie solidarisierte sich mit einem ehemaligen Hausfreund, einem Maler, der sich aus Liebeskummer in einen Trinker verwandelt hatte und bei uns nicht mehr »empfangen« wurde. Heimlich steckte sie ihm Geld zu und versorgte ihn mit Lebensmitteln.

Es gab aber auch andere »Außenseiter«: Bei einem Aufenthalt in Zürich besuchten wir eine Joseph Beuys-Ausstellung. Im Kunsthaus war auch ein Raum für Emma Kuntz reserviert, deren Persönlichkeit und Werke Beuys beeinflusst hatten. Emma Kuntz war eine Künstlerin, aber auch eine Heilerin, eine Seherin, die über spiritistische Kräfte verfügte. Franzi war von den visionären Zeichnungen der Künstlerin fasziniert, auch von deren Biographie, die keineswegs gradlinig verlaufen war.

Mit siebzehn Jahren wollte Franzi nach den Sommerferien die Schule verlassen, um Schäferin zu werden. Das hatte sie sich nach einem Praktikum bei einer Schäferei in der Lüneburger Heide in den Kopf gesetzt. Meine Tochter als Schäferin, selbstgewählte Einsamkeit, Kommunikation und Bestätigung nur über Tiere? Ihr Wunsch passte in das Bild, das sie mir in den letzten Jahren vermittelt hatte. Kleine Mosaiksteinchen fügten sich zusammen: Möglichst weit weg von einer Gesellschaft, in der ein Außenseiter mit einem »Zwischengeschlecht« keinen Platz hat, aber ein Leben in Freiheit, selbstbestimmt. Ich wollte sie gewähren lassen, auch ohne richtigen Schulabschluss. Sie besorgte sich Unterlagen, nahm Kontakt mit einer Schäfergenossenschaft auf. Zusammen fuhren wir in die Heide, und sie blieb für ein paar Tage allein auf einem Schäferhof. Völlig selbständig musste sie eine Herde mit dreißig Schafen betreuen. Das hat sie wohl zur Zufriedenheit des Schäfers gemeistert, sich dann aber letztendlich wegen der sehr harten Arbeitsbedingungen gegen die Ausbildung entschieden. Nach den Sommerferien entschied sie sich für den weiteren Schulbesuch, später allerdings wollte sie unbedingt etwas mit Tieren zu tun haben.

Im Internat schloss sie Freundschaft mit einem Jungen, Emilio, auch er auf seine Art ein Außenseiter, denn er hatte einen Klumpfuß, nach einigen fehlgeschlagenen Operationen konnte er nur noch humpeln. Ich durfte ihn kennenlernen, als sie ihn an Feiertagen mitbrachte. Die beiden mussten ein sehr inniges Verhältnis haben, wobei bei dem Wort »Verhältnis« natürlich auch körperliche Nähe mitschwingt. Darüber weiß ich nichts. Darüber will ich auch nichts wissen, das muss ein Geheimnis zwischen den beiden bleiben.

Wenn ich an ach so vertrauliche Gespräche zwischen Mutter und Tochter am Frühstückstisch über den Zeitpunkt der Entjungferung, Sex und Verhütung denke, dann ist mir nicht so wohl dabei. In meiner Jugend hätte mir das gerade noch gefehlt, über dieses Thema mit meiner Mutter zu sprechen, das wäre mir nicht in den Sinn gekommen. Franzis Unterleib ist ein Tabuthema für mich, für uns beide, bisher hat mir

Franzi auch nicht sonderlich signalisiert, dass sie meinen Rat in Sachen »Sex« bräuchte. Schon das Wort »Tabu« klingt natürlich überhaupt nicht nach »Aufklärung« oder »Verständnis«, ich bin mir aber sicher, dass Franzi meine Haltung schätzt, denn ihre Erfahrungen hat sie mit anderen Menschen, in erster Linie ihrer Freundin Anschara und ihrem Klassenkameraden Emilio austauschen können, vielleicht auch mit ihrem Therapeuten.

5

»Ich gehöre auch zu denen ...«

Franzi 18-21 Jahre

Franzi (20) und ich sitzen im Kino, im Rahmen der Filmfestspiele sind wir auf einen Dokumentarfilm aufmerksam geworden, »Tintenfischalarm«. Im Programm war zu lesen: »Ein junges Mädchen erfährt im Alter von zwölf, dass es ein Junge ist. Alex ist intersexuell. Ein Zwitter. Ein Mensch, der die penible Einteilung der Welt in männlich und weiblich durcheinander wirft.« Franzis Thema. Aufgeregt sitzen wir nebeneinander im Kinosaal. 107 Minuten wird Franzi ein Schicksal vorgeführt, das ihrem ähnelt. Im Film wird dafür plädiert, über das Thema Intersexualität endlich öffentlich zu reden.

Der Vorhang fällt, Schweigen im Saal, dann plötzlich heftiger Beifall. Jubel. Im Saal sitzen viele aus der Queer-Szene. Der Held Alex wird zum Gespräch auf die Bühne gebeten. Gelassen, offen und witzig berichtet er über sein Leben, die Dreharbeiten. Fragen aus dem Publikum: »Wie fühlen Sie sich nun eigentlich, mehr als Mann oder Frau?« Axel antwortet spontan und geradezu charmant: »Ach, eigentlich so a bisserl dazwischen.« Auf einmal steht Franzi auf: »Ich bin auch eine von denen, ich bin auch intersexuell. Wir müssen uns zusammen tun und gemeinsam viel mehr an die Öffentlichkeit gehen!« Applaus. Sie setzt sich wieder. Stößt mich in die Rippen. Ich fasse nach ihrer Hand, bin überwältigt, ich kann es nicht fassen. Tränen. Mein Kind hat sich geoutet!

Nach der Vorstellung setzt sich Franzi zu Alex ins Foyer. Es ist wohl das erste Mal, dass sie mit einem Schicksalsgenossen spricht. Ein längeres Gespräch, Franzi strahlt. Die Tischrunde wird größer, andere Interessierte oder ähnlich Betroffene haben sich dazu gesetzt. Ich stelle ein paar Bierflaschen auf den Tisch und verziehe mich, verlasse das Kino. Ein Befreiungsschlag? Vielleicht für Franzi, für sie war es die erste Kontaktaufnahme, der Beginn ihrer Aktivitäten in den »XY-Selbsthilfegruppen«. Für mich aber war es ein Akt der Befreiung! Ich bin noch ziemlich aufgewühlt. Völlig unerwartet hat mein Kind über seine Intersexualität öffentlich gesprochen! Ich bin stolz über so viel Mut. Als sie nachts nach Hause kommt, strahlt sie immer noch. Wir nehmen uns in die Arme. Nicht, dass jetzt eine neue Ära des intensiven Zwiegesprächs über Intersex zwischen ihr und mir angebrochen wäre, das nicht. Aber es hat sich etwas gelichtet, mein Kind selbst hat den ersten Schritt getan, ist aus dem Dunkel des Schweigens, der Sprachlosigkeit getreten.

Ich fühle, dass eine neue Phase begonnen hat. Vielleicht nicht gleich alles auf einmal, aber – raus aus dem Verschweigen, dem Überspielen, der Heimlichkeit, dem Herumdrucksen.

6

»Sie sehen aus wie Mädchen und spielen Fußball wie Jungs«

Ostseetreffen am 21. Oktober 2012

Ich fahre an die Ostsee, am Meer soll in einer Jugendherberge ein zweitägiges Elterntreffen der XY-Elterninitiative stattfinden. Als Schülerin hab ich das letzte Mal in einer Jugendherberge in so einem riesigen Mädchen-Schlafsaal mit dreistöckigen Bettgestellen übernachtet und bin nun doch ganz angenehm überrascht, als man mir ein Einzelzimmer zuweist.

Die erste Begegnung mit Eltern und Kindern soll während des gemeinsamen Abendessens stattfinden. Im Speisesaal mache ich mich übereifrig mit einer Gruppe sportlich gekleideter Menschen mit klobigen Turnschuhen an den Füßen bekannt: »Guten Abend, ich bin Mutter eines schon erwachsenen XY-Kindes«.

»Waaas? Ähhh?«

Unverständnis, verlegenes Schweigen. Abweisende Blicke. Scheint wohl nicht üblich zu sein, dass man sich so direkt vorstellt. Jetzt merke ich, dass ich mich der falschen Gruppe anschließen wollte, einer Wandertruppe aus dem Emsland.

Die XY-Eltern mit ihren Kindern haben sich in einer anderen Ecke des Saales eingefunden. Ich gehe zu dem langen Tisch, der für uns reserviert ist. Das Schildchen auf dem Tisch weist uns als »Arbeitsgemeinschaft Eltern« aus. Ich zähle drei junge Mütter, die ihre Babys gerade stillen, einen jungen Vater, der seinem Kleinkind Obstbrei in den Mund schiebt, einen weiteren Vater, der Brot in Häppchen teilt, einen mit dunklen Locken und bunten Hosenträgern, der in ein Wurstbrot beißt, eine hübsche Rothaarige, die in einer XY-Broschüre blättert, zwei, drei Frauen, die darüber wachen, dass ihre vorpubertären Kinder ihr Getränk, es handelt sich um Waldmeisterfassbrause, nicht verschütten. Die Kinder nölen: »Wann dürfen wir denn endlich aufstehen?« Eigentlich eine Szene wie früher bei uns am ersten Weihnachtsfeiertag, wenn an die zehn Cousins und Cousinen, dazu noch ein paar greinende Kleinkinder, das Gänseessen auf ihre Art aufmischten und in ein Tohuwabohu verwandelten.

Die jungen Mütter am Tisch einigen sich kurz entschlossen darauf, die Kinder auf den Spielplatz vors Haus zu schicken. Ich setze mich neben eine Frau, die die Anwesenheitsliste herumreicht, offensichtlich eine der Organisator_innen. Die junge Mutter beginnt ein Gespräch über das Programm und freut sich über meine Anwesenheit: Ist doch schön, wenn auch Mütter älterer XY-Kinder über ihre Erfahrungen berichten. Das Eis ist gebrochen und mein Unbehagen an der Situation – ich als ältere Mutter mit so vielen jungen Eltern in der Jugendherberge – ist verflogen. Vor der ersten Gesprächsrunde werden die Kleinkinder ins Bett gebracht.

In der Zwischenzeit studiere ich das Schwarze Brett. Auf einem Aushang steht, dass es auch Bier und Wein in der Herberge gibt. Dem Typen mit den lockigen Haaren scheint das auch nicht entgangen zu sein, denn ich treffe ihn im Speisesaal. Er kommt aus Stendal und ist als Onkel eines intersexuellen Mädchens dabei, er begleitet seine allein erziehende Schwester und ist bestens über den Stand der Dinge in Hinblick auf Intersex informiert. Wir kaufen uns ein paar Bier, gehen zurück in den Tagungsraum und setzen uns nebeneinander.

Auch die Heranwachsenden, acht Kinder zwischen sechs und zwölf, sitzen dabei.

Jeder stellt sich kurz vor, und ich bin völlig baff, dass im Beisein der Kinder ganz offen von Intersexualität gesprochen wird: »Das hier ist Hannah, sie geht in die zweite Klasse. Die Schule haben wir schon gleich bei der Einschulung in Hannahs Besonderheiten eingeweiht. Wir haben einfach von einer Hormonstörung gesprochen. Ganz behutsam hat die Lehrerin ihren Erstklässlern erklärt, dass Hannah ein bisschen Junge und ein bisschen Mädchen sei. Für die Klasse und auch für Hannah ist das im Augenblick kein Thema mehr.« Ich bin erstaunt über die entspannte Haltung der jungen Eltern.

Die nächsten Eltern berichten Ähnliches, und als die Reihe an mich kommt, kann ich nur schlucken: »Mensch, das ist ja ganz ganz toll, vor zwanzig Jahren war ein so offenes Gespräch völlig undenkbar, einfach Tabu. Wir waren doch ziemlich alleingelassen mit unseren Ängsten und Nöten!«

Und auf die Frage eines Vaters, wann und warum wir uns zur Gonadektomie entschlossen haben, antworte ich, dass die Informationen darüber damals nur ganz spärlich waren und es immer hieß, dass die Keimdrüsen raus müssen, weil sie ein Krebsrisiko darstellten. Die Gruppe horcht auf, es wird spannend, denn das ist ein Problem, das fast alle XY-Kinder betrifft. Offensichtlich gibt es da heute verschiedene und sich oft widersprechende Ansichten und Forschungsergebnisse. Dass Hodenkrebs eine tödliche Gefahr ist, darüber sind wir uns alle einig. Zirka dreißig Prozent der Hoden werden, ob verkümmert oder nicht, von Krebs befallen. Das ist auf jeden Fall ein Argument, die Hoden zu entfernen. Aber woher kommt denn diese Zahl, die man in der einschlägigen Fachliteratur überall findet?

Wir diskutieren über die uns zweifelhaft scheinenden Quellen und nehmen uns vor, dieser Zahl einmal auf den Grund zu gehen. Während ich dies schreibe, merke ich, dass es mir so leicht fällt, »wir« zu schreiben. Schon bei der ersten Begegnung waren wir Eltern auf Anhieb solidarisch, weil wir das Gleiche durchgemacht haben, gleiche Verantwortung, gleiche Zweifel und die gleichen Ängste und Sorgen teilen. Jetzt und hier kann man offen über fast alle Tabus, über fast alle doch sehr intimen Details reden.

Später wird auch den größeren Kindern »Gute Nacht« gesagt, am Kamin soll unter den Eltern weiter diskutiert werden. Drei Männer kümmern sich um das Feuer, die Mütter haben für Knabberzeug gesorgt. Man lacht über die Rollenverteilung. »Meine Tochter ist die beste Feuermacherin. Andererseits kann sie auch die besten Käsecracker backen.« Mit dieser Bemerkung gab ich den Anstoß für ein Gespräch über das Rollenverhalten unserer Kinder, über das »Männliche« und das »Weibliche«, das sie ja beides haben, angeblich. Ein Mutter berichtet von ihrem Sohn, der seine Schwester und die anderen XY-Mädels vorhin treffend charakterisiert hat: »Sie sehen aus wie Mädchen, aber spielen Fußball wie Jungs.«

Erst als der Abend schon fortgeschritten ist, werden ein paar »heiße Eisen« angefasst: Wir sind uns einig, dass wir alle viel zu wenig über die tatsächliche Wirkung der Hormone wissen, die unsere Kinder lebenslang einnehmen müssen. Hormone sind uns allen unheimlich wegen ihren irreversiblen und nicht immer zu kontrollierenden Wirkungen. »Bei Franzi haben sie zum Beispiel eine künstliche Pubertät eingeleitet, aufgrund der Östrogene haben sich kleine Brüste entwickelt, die sich nach ein paar Jahren der Hormoneinnahme auch nicht mehr zurückentwickeln werden«, berichte ich. Nachdenklich kommentiert ein älterer Vater, dass viel zu leichtfertig diverse Hormoncocktails unseren Jugendlichen verordnet werden. Es ist aber ein Teufelskreis, ohne Hormone können unsere Kinder nicht leben, im wahrsten Sinne des Wortes, sie sind für ihren Stoffwechsel auf künstliche Hormone angewiesen, da ihnen ja die Keimdrüsen entfernt wurden – oder werden sollen. Ein weiteres Thema beherrscht das Gespräch: Gehen wir nicht alle manchmal viel zu locker mit den XY-Problemen um? Täuschen wir eine »Normalität«, die so gar nicht gegeben ist, nur vor? Ein nachdenkenswerter Einwurf kommt von Lili, die die Tagung organisiert hat: Kinder von lesbischen oder schwulen Paaren, für die es völlig normal war, ein Kind zu adoptieren, kommen angeblich mit der vorgegaukelten Normalität nicht zurecht. Heute zeigen allerdings Studien, dass diese Kinder ebenso behütet aufwachsen wie andere Kinder. Trotzdem sollte das zu denken geben. Ebenso wie die Aufklärung anderer, zu der wir uns als Eltern verpflichtet fühlen: Wollen unsere Kinder denn überhaupt, dass die Umwelt informiert ist, dass Schule, Kindergarten, wer auch immer, über alle Details, auch über ihre körperlichen, Bescheid wissen? Darüber muss auch ich noch einmal nachdenken: Will meine Franzi, dass ich ihr Schicksal zwischen zwei Buchdeckeln an die Öffentlichkeit bringe?

Am nächsten Tag ist eine kleine Wanderung mit Kind und Kegel vorgesehen. Ich will mir die Jugendlichen auf dem Spaziergang etwas genauer angucken, die vier Mädels, die angeblich so gut Fußball spielen sollen. Kann ich in ihren Gesichtern, in ihrem Verhalten, etwas Männliches entdecken? Erst einmal maulen sie, sie haben keine Lust, ihre Eltern bei diesem Regenwetter zu begleiten. Völlig verständlich und geschlechtsneutral, denke ich. Dann kommen sie trotzdem mit, geködert durch eine Art Schatzsuche mit GPS-Geräten vom Tourismusbüro. Souverän nehmen sie die kleinen handyartigen Geräte in die Hand und führen bei strömendem Regen zu den einzelnen Schatzsuchetappen. Ein kurzhaariger Blondschopf, eine langhaarige Pippi Langstrumpf, ein zartes Königskind, ein scheues Reh. Nichts deutet in ihren Gesichtern auf etwas Männliches oder besonders Weibliches hin, sie benehmen sich einfach wie Teenager in der Vorpubertät. Wie Franzi damals, auf einer Klassenreise, als sie gemeinsam mit zwei Freundinnen und zwei Jungs nachts als Gespenster die Lehrer erschrecken wollten.

Am Nachmittag bereichert der mir vertraute Psychotherapeut Knut W. die Runde, für mich ein echter Guru, den ich schon über Jahre kenne. Er war damals der einzige und erste, der sich mit XY-Kindern auseinandersetzte und Kindern und Eltern beistand. Heute ist seine Forderung, bei jeder Geburt eines Kindes mit DSD (Difference of Sex Development) konsultiert zu werden, schon fast in Erfüllung gegangen. Er spricht mir aus der Seele, als er die These aufstellt, dass Kinder den Eltern vertrauen wollen. Sie wollen Eindeutigkeit und nicht von den Eltern hören: »Heute würde ich dir nicht mehr die Gonaden entfernen lassen. Beim heutigen Stand der Forschung.« Sondern: »Wir finden unsere Entscheidung richtig, dir beim damaligen Stand der Forschung die Keimdrüsen entfernen zu lassen.«

Als Franzi vor einiger Zeit, sie war damals Anfang Zwanzig, genau diese Frage aufwarf, konnte ich ähnlich reagieren, und es hat sich dann ein ganz gutes Gespräch entwickelt. Franzi war entschlossen, die Frage nach der Genadodektomie in ihrer XY-Gruppe noch einmal eindringlich zu diskutieren.

Der Psychotherapeut legte den Eltern nahe, ihre Kinder zu einer möglichst starken Persönlichkeit zu erziehen, damit sie ein selbstbewusstes »Ich« entwickeln können, denn nur ein in sich gefestigter Mensch kann, mit seiner besonderen Konstellation, das Leben bewältigen. »Gut gebrüllt, Löwe«, denke ich bei mir, gibt es denn Rezepte, wie man eine so gefestigte Persönlichkeit heranzieht?

Ich spitze noch einmal die Ohren, höre genau zu, als er dafür plädiert, das Thema Intersexualität in die Lehrpläne der Schulen aufnehmen zu lassen. Er wird dabei unterstützt von einer Mutter aus dem Kreis, sie ist Gymnasiallehrerin und hat zu diesem Thema schon einiges recherchiert und in die Wege geleitet. Das interessiert mich außerordentlich, und nach der Runde komme ich mit ihr ins Gespräch.

Ich setzte mich neben einen jungen Vater aus Werder, er ist Naturwissenschaftler und hat sich gleich nach der Geburt seiner XY-Tochter mit der aktuellen Forschung auseinandergesetzt. Auch er und seine Frau haben einer frühen Gonadektomie zugestimmt. Wir teilen ähnliche Bedenken und reden über unsere Schuldgefühle, Fehler, Ängste.

Eine Endokrinologin von der Charité stellt ein von der EU mit drei Millionen gefördertes Forschungsprogramm vor, an der XY-Eltern teilnehmen sollen. Im Projekt geht es um die Erforschung der Lebensqualität von XY-Kindern mit Gonaden, ohne Gonaden usw. Europaweit. Die Eltern beschließen, sich als »Stake-holder« zu beteiligen, um das Forschungsprogramm nicht nur den Ärzten zu überlassen, wie es in der Vergangenheit immer wieder vorkam.

Als ich im Überlandbus zum Bahnhof fahre, resümiere ich das Treffen: Neue Anstöße, Unbefangenheit im Umgang mit intersexuellen Kindern, aber noch zu wenig Erfahrungen mit den Kindern, die noch nicht in der Pubertät waren. Vielleicht wollen die Kinder irgendwann einmal nicht mehr, dass man so offen mit ihrer Intersexualität umgeht? Das können wir heute noch gar nicht abschätzen. Forderungen nach einem dritten Geschlecht sind nicht angeklungen, aber eine behutsame Abgrenzung gegen den damals berechtigten Ärztehass der radikal gesinnten XY-Frauen der ersten Generation, die bei Gonadektomie von Kastration sprechen. Als ich Franzi vom Treffen erzähle, ist sie mit mir zufrieden: Sie hat sich wohl immer gewünscht, dass ihre Mutter in der Selbsthilfegruppe aktiv wird. Und ich habe akzeptiert, dass Franzi hier eine zweite Heimat gefunden hat.

Epilog

Auf dem Kirchentag in Hamburg 2013 hatte der Verein intersexuelle Menschen eine Diskussion angeregt, in deren Verlauf kontrovers diskutiert wurde, ob denn nun »Mann« und »Frau« auslaufende Modelle seien, ob man wohl das Bibelwort bei Moses 1/27: »Und Gott schuf den Mensch als Mann und Frau«, heute einfach lockerer interpretieren dürfe. Man darf!

»Brauchen wir eigene ›Hen-Toiletten?‹«, fragen sich Schwedens Schüler und Lehrer, in diesem Land wurde das geschlechtsneutrale Wort »Hen« schon 2009 eingeführt, um Diskriminierung beim Gebrauch von »sie« und »er« zu vermeiden. Wird hier nicht das Kind mit dem Bade ausgeschüttet? Nein! Alles, was das starre Männlich/Weiblich-Schema in den Köpfen der Bevölkerung aufweicht und in Frage stellt, ist wichtig und nötig. Noch vor einem Jahr war mir ein solcher Gedanke fremd. Die vielen Begegnungen mit Intersexuellen und die Recherchen für dieses Buch haben meine Einstellung verändert. Ich entdecke an mir geradezu militante, vorher nie gekannte Züge im Kampf für die Rechte von Intersexuellen. Diese seien hier noch einmal aufgeführt:
– Bei einem intersexuell geborenen Kind sollte die endgültige Festlegung des Geschlechts so lang wie möglich offen gehalten werden.
– Intersexuellen Kindern und ihren Eltern sollte höchst qualifizierte therapeutische Begleitung zur Verfügung gestellt und sie vollständig über die Thematik informiert werden; auch vor den Kindern sollte es keine Geheimhaltung geben.
– Chirurgische Eingriffe an den Genitalen nach der Geburt sollten ohne medizinisch zwingende Indikation verboten werden.
– Medizinische Akten müssen Kindern und Eltern jederzeit zur Verfügung stehen.
– In die Beratung von intersexuellen Kindern und Eltern sollten unbedingt andere Betroffene einbezogen werden, sogenanntes »Peer-Counseling«.

Nie wieder soll es einem Intersexuellen so gehen wie Herculine Barbin, geboren 1838. Sie schrieb in Paris, wo sie sich 1868 das Leben nahm: »Die Welt, die Du anrufst, war nicht für Dich geschaffen. Und Du warst nicht für sie geschaffen. Alle Schmerzen haben in diesem unermesslichen Universum Platz, nur für Deinen wirst Du vergeblich einen Winkel suchen. Er gehört dort nicht hin, er verkehrt alle Gesetze der Natur und der Menschen.«

GESPRÄCHE

»Zeitweise hab ich mich wie ein Monster gefühlt«

Klara, 36 Jahre

Wann hast du zum ersten Mal gemerkt, dass bei dir »etwas nicht stimmt«?
Nach der ersten Operation. Ich war damals fünfeinhalb Jahre alt, wachte auf und hatte einfach nur Schmerzen. Das ist meine früheste Erinnerung. An die Operation selber und an die Umstände erinnere ich mich nur sehr bruchstückhaft. Die nächste Erinnerung kann ich zeitlich nicht so konkret einordnen. Ich war so zwischen acht und zehn, als ich mit meiner Mutter wieder einmal im Universitätsklinikum war und das Übliche stattfand: »Bitte ausziehen«, Blutabnahme, Auf-dem-Bauch-Herumdrücken, Gewichtskontrolle, Größe, Ultraschall, Fotografieren ... das sind meine ersten, bewussten Eindrücke vom Anderssein.

Wie hast du das damals verarbeitet?
Gar nicht, ich habe das über 23 Jahre verdrängt. Erst mit 28 Jahren hab ich so langsam begriffen, dass ich ein Zwitter, ein Hermaphrodit bin. Aber diese Wörter mag ich nicht, sie klingen so brutal, ich kann besser mit dem Begriff »Intersexualität« leben. Das liegt daran, das mir damals mit elf Jahren nach einer Untersuchung in dem Universitätsklinikum von meiner Mutter mitgeteilt wurde: »Du bist ein Zwitter, ein Hermaphrodit und du hast XY-Chromosomen«. Dazu war sie gezwungen, da sich der behandelnde Arzt verplapperte und etwas von der Entfernung der Eierstöcke erwähnte und ich später meine Mutter zur Rede stellte. Viele von uns finden den Begriff »Intersexualität« zu medizinisch, aber ich habe mich damit arrangiert. Mit dieser Diagnose ist bei mir ein großer Traum zerplatzt. Auch meine Mutter, das weiß ich heute, wusste nur sehr, sehr wenig.

Hast du heute Verständnis für deine Mutter?
Was heißt schon Verständnis? Ich mache ihr auf jeden Fall keine Vorwürfe. Ich bin 1976 geboren, da gab es noch kein Internet und eigent-

lich überhaupt keine Möglichkeiten, sich zu informieren. Meine Mutter war auf die Informationen der Ärzt_innen angewiesen, die mussten sie aufklären. Heute weiß ich natürlich, dass diese Aufklärung mehr als mangelhaft war und meine Mutter komplett überfordert. Mittlerweile beschäftigt sie sich mit dem Thema, aber die ganze Tragweite bleibt ihr letztendlich verschlossen. Ich mache meiner Mutter keine Vorwürfe, das einzige, was ich ihr vorwerfe, ist, dass sie keinerlei Unterlagen und Patientenakten gesammelt hat, was damals für sie natürlich viel leichter gewesen wäre als für mich heute.

Wie verlief die Schulzeit?
Nach und durch die Erfahrungen der medizinischen Behandlung habe ich mich in der Schule in eine Außenseiterrolle manövriert und eine Mauer um mich gebaut. Ich wollte die Leute nicht zu nah an mich heran lassen. Natürlich hatte ich Schulfreunde, allerdings nie besonders viele. Aber auch die habe ich nicht an mich heran gelassen. Ich habe zum Beispiel nie bei einer Freundin übernachtet. Ich hatte Angst, im Schlaf oder Traum zu reden, Angst vor den Fragen, die dann kommen könnten: »Was ist denn mit dir los?« Allerdings hatte meine Mutter ein paar Klassenlehrern von meinem besonderen Zustand erzählt. Wohlgemerkt meine Mutter; mein Vater hat sich da rausgehalten. Ich erinnere mich auch nicht, dass mein Vater jemals bei einem Arztbesuch dabei war. Heute weiß ich nur, dass mein Vater mit der einen oder anderen Entscheidung nicht so glücklich war.

Wie seid ihr mit dem Schweigen umgegangen?
Natürlich haben sich auch meine Eltern dem Dogma der Ärzt_innen: »Ihr dürft nichts erzählen!«, unterworfen. Selbst mir wurde nichts erzählt oder gar erklärt. Als ich elf Jahre alt war, tastete der Arzt meinen Bauch ab und sagte: »Na, ist ja nach der Entfernung der Eierstöcke alles wunderbar verheilt.« Dann die Ausrede oder die Lüge, wie man will: »Ja, du hattest einen Leistenbruch, der operiert werden musste.« Und die Ärzt_innen haben mir geraten, dass ich niemandem etwas davon erzählen soll, das würde sowieso keiner verstehen.

War dir bewusst, dass du zwischen den Geschlechtern lebst?

Bis zu meinem elften Lebensjahr wusste ich gar nichts, ich war nur anders. Einmal jährlich musste ich zu einem speziellen Arzt, einem Endokrinologen, natürlich wusste ich damals nicht, was ein Endokrinologe ist. Aber als ich dann erfahren hatte, dass man mir die angeblichen Eierstöcke entfernt hatte – in Wirklichkeit waren es altersentsprechend funktionstüchtige Hoden –, da ging bei mir der Rolladen runter; ich habe erst einmal zugemacht. Mit elf Jahren wusste ich nicht, was Chromosomen sind, und dass man über sie erkennt, ob man »weiblich« oder »männlich« ist. Ich bin eine XY-Frau, also genetisch männlich. Da habe ich mich wie ein Monster gefühlt und immer energischer versucht das Mädchen, die Frau zu spielen. Ich wollte eine Art Überfrau sein; jedenfalls habe ich es versucht. Aber es hat nicht funktioniert. Ich habe mich im Laufe der Jahre immer mehr in mich zurückgezogen.

In meiner Erinnerung hörten die Klinikbesuche mit 13 auf, aber aus den Unterlagen geht hervor, dass ich da noch bis zu meinem 15. Lebensjahr vorgestellt wurde. Ich kann mich nicht mehr daran erinnern. Danach habe ich über viele Jahre meinen Zustand verdrängt und ihn erst mit 28 Jahren wieder zu meinem Thema gemacht. Es ist natürlich nicht so, dass zwischen 13 und 28 überhaupt nichts gelaufen wäre, aber innerhalb der Familie gab es die stille Übereinkunft: »Sprich sie nicht auf das Thema an, sonst rastet sie aus!« Wenn es dann doch einmal aktuell wurde, wenn zum Beispiel jemand aus der Verwandtschaft ein Kind erwartete, dann war ich über längere Zeit nicht zu gebrauchen, weil mich das Thema natürlich sehr beschäftigt und belastet hat. Ich habe es mit mir selber ausgemacht, wollte es mir nicht anmerken lassen. Ich konnte ganz gut Theater spielen. Heute will ich das nicht mehr. Ich war schon etwa ein Jahr bei der Selbsthilfegruppe der XY-Frauen; bin auch von meinen Freunden angesprochen worden: »Was ist denn los mit dir, du bist so komisch drauf?« Meine Antwort: »Ja, da ist was, aber ich kann's im Augenblick noch nicht erzählen.« Sogar meine beste Freundin wusste zu diesem Zeitpunkt noch von nichts, obwohl ich ihr immer wieder von meinem Seinszustand erzählen wollte. Ich wohnte damals schon in Berlin und war nur an den Wochenenden zu Hause. Immer wieder habe ich mir fest vorgenommen, es ihr bei der nächsten Gelegenheit zu erzählen, aber es vergingen noch Monate, bis ich es ihr dann endlich sagen konnte. Ich wollte einfach dieses Lügen nicht mehr, ich wollte, dass die Freunde mich so kennenlernen, wie ich wirklich bin und ihnen nicht mehr mit einem falschen Lächeln vorspielen, wie glücklich ich bin. Sie sollen auch sehen, wenn es mir nicht so gut geht. Ich finde es jetzt einfach schön, wenn meine Freunde merken, dass mich irgendetwas bedrückt, dass sie dann einfach fragen: »Wie geht es dir denn? Wie verträgst du die Hormone?«, und ein ganz natürliches Interesse zeigen.

Wie fühlst du dich heute? In dem Film »Tintenfischalarm« beantwortet Alex diese Frage mit: »Ach, ich fühle mich so a bisserl dazwischen.« Ist das eine Antwort, die du auch geben könntest?
Es ist ein gleitender Prozess. Nachdem ich 15 Jahre lang pausiert hatte, habe ich erst 2005 wieder angefangen, Hormone zu nehmen. Als ich zwölf war, wurden mir Hormone verordnet. Aber das war schon mit einer Lüge verbunden, denn der Arzt versprach, dass ich, wenn ich die Hormone nähme, auch meine Regel bekommen würde. Ich habe ihm geglaubt und dann treuherzig die Östrogene geschluckt. Wie hoch die Dosierung war, weiß ich nicht, weil ein Teil meiner Patientenakte angeblich verbrannt ist, fehlt mir dieses wichtige Detail. Ich habe mich dann ein bisschen weiblich entwickelt, aber von Regel keine Spur. Nach gut einem Jahr, da war ich fast schon 13, hab ich beschlossen: Ich nehme jetzt gar nichts mehr ein. Ich habe die Hormone einfach abgesetzt und bin dann auch nie mehr danach gefragt oder darauf angesprochen worden. Erst 2005 habe ich wieder damit angefangen. Da war ich bereits in Berlin und hatte Kontakt mit der Selbsthilfegruppe aufgenommen.

Lass mich ein bisschen ausholen: Meine Schwester hatte geheiratet und natürlich wollte sie Kinder. Sie wollte ein genetisches Gutachten erstellen lassen, weil sie wissen wollte, ob bei ihr die Gefahr bestünde, ein intersexuelles Kind auf die Welt zu bringen. Ihre Ärztin wollte meine Unterlagen lesen, und ich war damit einverstanden – aufgrund meiner Volljährigkeit bedurfte es meiner Einwilligung, die ich ihr gab –, ich hatte nur den Wunsch: »Lass mich bitte damit in Ruhe«. Meine Schwester hat aber diesen Wunsch nicht respektiert. Ich hab damals auch meinen Heimatort verlassen. Ich dachte, wenn ich sechshundert Kilometer weit weg bin, dann kann man mich, trotz Internet und Telefon, nicht so leicht nerven. Irgendwann bekam ich die Unterlagen von meiner Schwester zurück, darauf klebte ein Zettel von der Gynäkologin, die das genetische Gutachten erstellt hatte und mich bat, mich dringend bei ihr zu melden. Auf dem Zettel stand auch die Internet-Adresse der Selbsthilfegruppe der XY-Frauen. Erst einmal habe ich diese Unterlagen ganz weit von mir weggeschoben. Ich wollte sie nicht lesen, wollte nichts wissen, weiter verdrängen. Dann aber, nach einigen Wochen, wollte ich doch wissen, was mit mir ist. Ich wusste ja nur: Zwitter, Hermaphrodit. Du hast auch männliche Anlagen; mit Chromosomen hab ich das damals gar nicht in Verbindung gebracht. Und irgendwann habe ich dann doch bei dieser Ärztin angerufen. Der Vorzimmerdrache wollte nicht ohne weitere Informationen meine Nachricht an die Ärztin übermitteln, wollte unbedingt wissen, worum es ging, und ich konnte es nicht sagen. Irgendwann presste ich dann hervor, dass ich eine XY-Frau bin, da war es der Sprechstundenhilfe sehr peinlich, mich am Telefon so genötigt zu haben. Heute schmunzle ich darüber. Mit der Gynäkologin habe ich dann einen Termin vereinbart, und weil sie wusste, dass ich keine Hormone nehme, hat sie zuerst eine Hormonanalyse machen lassen. Ich hab diese Chromosomenanalyse noch einmal machen lassen, natürlich mit demselben Ergebnis wie in den Unterlagen, auch eine molekulargenetische Blutanalyse, auf deren Ergebnis ich allerdings seit 2005 warte. Danach nahm ich vier Jahre lang Östrogene ein und habe mit den einzelnen Präparaten und Darreichungsformen gespielt.

Wie hast du dich dann mit den Hormonen gefühlt?
Ich schwebte auf Wolke sieben. So möchte ich es beschreiben. Das hängt sicher auch damit zusammen, dass ich parallel erstmalig persönlichen Kontakt zu anderen Betroffenen hatte, und der hat sicherlich dieses Hochgefühl mit aufflammen lassen. Nach etwa einem halben Jahr sagte ich mir: »Das kann nicht gut sein, dieses Gefühl«. Ich war wirklich oben drüber, wie unter Drogen. War ich ja auch irgendwie, aber es waren eben Hormone. Dann besprach ich mit meiner Ärztin, dass die orale Einnahme auch die Nieren schädigen könne und ich mal etwas anderes probieren möchte. Ich hatte mich schon informiert und schlug eine transder-

male Therapie mit einem Gel vor. Die Ärztin fand das gut, schlug aber noch Implantate und Nasenspray und Pflaster vor. Ich entschied mich für Gel und bekam es auch. Das Hochgefühl ging langsam zurück und trotzdem habe ich mich sehr wohl gefühlt. Ich glaube, dass das eine Art Placebo-Effekt war, denn die Hormonanalyse nach drei Monaten hat gezeigt, dass mein Körper mit dem Gel überhaupt nichts anfangen konnte. Auch ein anderes Gel zeigte keinerlei Wirkung, und nach einem halben Jahr bin ich dann doch wieder zu Tabletten gewechselt. Das erste Präparat, mit einem Milligramm Östrogen wurde durch ein anderes Präparat und zwei Milligramm ersetzt und hat dann auch ganz gut gewirkt.

Vier Jahre habe ich dann insgesamt Östrogene genommen. In dieser Zeit habe ich mich zwischen den Geschlechtern empfunden, Tendenz eher männlich, trotz Östrogen. Heute nehme ich Testosteron und fühle mich eher wie in der Mitte ruhend. Das ist aber immer ein gleitender, sich verändernder Prozess. Ich verstehe das selber nicht: mit Östrogenen hab ich mich männlicher gefühlt und unter Testosteron fühle ich mich weiblicher. Das kann sich aber von Sekunde zu Sekunde ändern. Dann sage ich mir, in dieser Sekunde bin ich weiblich, in der anderen Sekunde bin ich männlich. Ich würde mich auch nicht als Frau oder weiblich bezeichnen, sondern als weiblich zugewiesener intersexueller Mensch.

Du empfindest deine Intersexualität nicht als Krankheit, im Gegensatz zur Gesellschaft oder den Ärzt_innen?
Ich glaube die Gesellschaft empfindet es nicht als Krankheit, weil sie schlicht nichts von unserer Existenz weiß. Ich selber weiß, dass ich nicht krank auf die Welt gekommen bin. Ich hatte vielleicht da ein bisschen zu viel und da ein bisschen zu wenig, je nachdem, wie man es sieht. Für mich war ich völlig in Ordnung, halt nur nicht für die Ärzt_innen. Für die hatte ich einen Defekt, eine Störung, wie sie so schön sagen, die haben sie dann operativ entfernt. Aber das Geschlecht sitzt nicht zwischen den Beinen, das sitzt zwischen den Ohren, im Kopf. Daran können die Ärzt_innen nichts machen. Wenn ein Mensch zwischen den Geschlechtern lebt, dann kann man das nicht operativ verändern. Heute weiß ich, dass mich die Behandlungen, die Zwangszuweisung, die Operationen mit Klitorisreduktion, Entfernung der funktionsfähigen Hoden und der Gebär-

mutter, krank gemacht haben. Die Verantwortung für die Falschaufklärung oder bewusste Nichtaufklärung und deren Konsequenzen in den ersten Jahren, die liegt bei den Ärzt_innen. Aber wo hätte meine Mutter die Informationen einholen sollen? Es gab ja die Informationsquellen, die es heute gibt, noch nicht. Meine Mutter konnte nur meinen Zustand zur Kenntnis nehmen und hat ihn wahrscheinlich nie wirklich verstanden. Und wenn man etwas nicht versteht, kann man auch nicht die richtigen Fragen stellen. Ihr wurde gesagt: »Wir machen ein Mädchen draus, das können wir mit zwei, drei Operationen. Wir können aber auch einen Jungen machen, aber das sind dann mindestens fünfzehn Operationen.« Meine Mutter ist natürlich den Weg des kleineren Übels gegangen. Aber zeig mir mal die Eltern, die diesen Weg nicht gegangen wären.

Was hältst du davon, dass die Eltern heute so offen mit der Intersexualität ihrer Kinder umgehen?
Ich begrüße das. Als ich Ende 2004 zur Selbsthilfegruppe kam, da war alles ganz neu. Inzwischen hat sich einiges bewegt. In den Medien, bei der Aufklärung, mit Büchern und Filmen, nicht zuletzt mit den Selbsthilfegruppen, auch in der Forschung hat sich unglaublich viel getan. In fünf oder zehn Jahren wird sich die Sichtweise der Gesellschaft völlig gewandelt haben. Es ist vielleicht ähnlich wie bei der Homosexuellenbewegung, die in den 1970er Jahren erst richtig begonnen hat.

Persönlich erfahre ich nur Zustimmung, wenn ich jemanden über meine Identität aufkläre. Niemand hält mich für krank. Eher treffe ich auf Interesse und Neugier und werde befragt. Noch nie habe ich eine abwehrende Reaktion erlebt. Es ist keine Krankheit, und wir sollten nichts verheimlichen. Wenn die Gesellschaft Kenntnis von uns nimmt, dann haben wir ein ganz anderes Leben. Aus vielen Gesprächen weiß ich, dass wir uns die größten Steine selber in den Weg legen, weil wir durch unsere Erfahrungen, durch unsere Traumatisierungen Ängste entwickelt haben, weil uns eingebläut wurde, dass wir nie etwas sagen dürfen, weil wir uns damit selber aus der Gesellschaft katapultieren würden. Ich habe aber gemerkt, dass, wenn diese Lawine erst mal ins Rollen gekommen ist, sie niemand mehr aufhalten kann.

Heute kann ich gut damit leben. Und das tue ich!!

»Was biste denn nun, Junge oder Mädchen?«

Jeroen, 41 Jahre

Wann ist Ihnen zum ersten Mal bewusst geworden, dass Sie »anders« sind?
Bewusst, das heißt für mich, dass ich mich bewusst von anderen abgrenzen kann. Ich musste mich in meinem Leben zweimal outen. Zuerst habe ich gedacht, dass ich homosexuell sei, weil ich ja äußerlich, körperlich wie ein Mann wirke und mich zu Männern hingezogen fühlte.

1988 war ich mit der Schule fertig und habe dann eine Berufsausbildung gemacht. Ich habe versucht, mich in der Szene zu verorten, bin an Orte gegangen, wo man Schwule, Lesben und Leute, die »anders« waren, trifft. In diesem Kreis habe ich mich verwurzelt gefühlt.

Ich habe meine Homosexualität nicht abgelehnt, habe sogar versucht, mich meinen Eltern gegenüber als schwul zu outen. Ich wollte, dass sie Bescheid wissen, dass ich mich nicht in blöde Gespräche verwickle, dass meine Familie sich nicht ein Bild von mir macht, das überhaupt nicht stimmt. Ich wollte nichts verstecken. So weit war ich immerhin. Aber meine Eltern hatten mit dem Thema Homosexualität ein Problem. Das ging für sie überhaupt nicht; und das ist auch bis heute so geblieben.

Erst Jahre später sind mir dann Zweifel gekommen, ob Homosexualität überhaupt mein Thema ist.

Als ich eines Abends, es war an einem Montag, daran kann ich mich noch gut erinnern, im Fernsehen eine Wissenschaftsdokumentation über Intersexualität sah, war das für mich wie eine Initialzündung. Der Schwerpunkt der Sendung lag bei CAIS, also der kompletten Androgenresistenz, dem sozialen Umfeld der Betroffenen, und wie die Leute sich fühlen. Es wurde über Menschen berichtet, die wussten, dass sie einen intersexuellen Körper haben, sich aber als Frau fühlen. Manche berichteten auch über ihr Gefühl, dass es körperlich stimmig war, und sie sich deshalb weder dem weiblichen noch dem männlichen Geschlecht zuordnen könnten. Da hab ich gedacht: »Was die da erzählen, dass ist doch das einfachste von der Welt.« Ich sah überhaupt kein Problem. Ich konnte mich richtig einfühlen.

Gleichzeitig fing es aber auch an, in meinem Kopf zu rotieren. Erinnerungen kamen hoch. Auch über Themen, die über die Jahre in mir verborgen und verdrängt waren. Fragen taten sich auf, all die Behandlungen, die Krankenhausaufenthalte, was wurde da eigentlich mit mir gemacht? Warum habe ich damals Hormone bekommen? Daraufhin fing ich an, mich mit dem Thema Intersexualität auseinanderzusetzen. Es gab wenig Literatur, aber am Anfang war natürlich das Internet sehr hilfreich. Bis zu diesem Zeitpunkt hatte ich noch keine persönlichen Kontakte zu intersexuellen Menschen, aber ich war mir sicher, dass Intersexualität mein Thema ist.

Mir liegen keine Nachweise vor, denn die Unterlagen sind trotz intensiver Nachforschungen nicht auffindbar.

Als Kind war das Intersexuelle in mir viel ausgeprägter als heute. Heute wirke ich auf meine Umwelt eher männlich.Damals aber wurde ich oft von meiner Umwelt, von Freunden der Eltern, von den Nachbarn auf mein uneindeutiges Aussehen angesprochen, dieses Uneindeutige war offensichtlich sehr ausgeprägt, man sieht es auch auf den Photos aus Kindheitstagen. Ich habe mich selber so wahrgenommen und hätte damals nicht sagen können, ob ich ein Junge oder ein Mädchen war.

Wie hat Ihre Mutter reagiert?
Es war leider ein großes Tabuthema, da wurde zu Haus überhaupt nicht drüber gesprochen. Meine Mutter hat mir allerdings, so empfinde ich das im Nachhinein, immer so eine kleine Tür offengelassen, denn es gab keinen Klamottenzwang. Natürlich hat mir meine Mutter keine Mädchenkleider gegeben, aber ich wurde auch nicht übermäßig knabenhaft gekleidet. Manchmal hat sie sich auch in Widersprüche verstrickt.

Wusste sie denn über Ihre Intersexualität Bescheid?
Ich denke schon, aber das Schweigen, die Sprachlosigkeit, so glaube ich, ist eines der ganz großen Probleme der Intersexuellen; besonders gegenüber den engsten Bezugspersonen, den Eltern. Da wurde einfach gedeckelt.

64

Als ich 13, 14 war, also zu Beginn der Pubertät, hat mein Vater einmal mit mir das Gespräch gesucht. Er war besorgt und meinte, dass für mich jetzt eine schwere Zeit beginne. Weil ich ja nicht wissen könne, wo ich hin solle, oder wohin ich mich entwickeln werde. Da hat er mir dann erzählt, dass ich ein Zwitter sei. Ihm hätte man gesagt, dass das etwas ganz Besonderes sei, und dass bestimmte körperliche Entwicklungen wahrscheinlich ausblieben. Man hatte ihm auch erzählt, dass die Körperbehaarung ausbleiben würde, und er verstehe jetzt nicht, dass ich mehr Körperbehaarung als die ganze Familie zusammen habe (lacht).

Das war es dann für ihn: »Ja, dann ist ja das, was sie gemacht haben richtig, denn du bist ja ein Mann geworden.«

Wissen Sie denn genau, was sie gemacht haben?
Soweit ich mich erinnern kann, hatte ich im Alter von fünf Jahren eine Hormonbehandlung, die aufgrund der Nebenwirkungen abgebrochen werden musste, und vorab wohl auch Operationen. Dies kann ich im Detail leider nicht nachvollziehen. Vielleicht gab es da einen Unterschied zwischen Ost und West. Bei uns im Osten existierte eine Sozialversicherung mit einer Karte für Familienangehörige, auf der alle Behandlungen vermerkt wurden. Mir fehlen jedoch die Karten bis zum Jahr 1979. Auf der mir zugänglichen Versicherungskarte ist eine der letzten Operationen aufgeführt und erwähnt, dass ich, im Abstand von zwei Jahren mehrfach beim Chirurgen vorsprechen musste. Ich wurde ihm vorgestellt, ohne zu wissen, wieso ..., weshalb ..., warum ...? Man hat wohl nur geschaut, ob körperlich alles in Ordnung war, und es war wohl offenbar alles in Ordnung.

Ich habe auch bis jetzt keine großen körperlichen Beeinträchtigungen, obwohl ich später noch selbst Behandlungen habe vornehmen lassen. Jedenfalls schien für die Ärzt_innen das Thema erledigt. Ich denke, Sie haben geglaubt, dass sie mich nach dem Stand der Wissenschaft richtig behandelt hätten.

Kurze Zwischenfrage: Meinen Sie, dass man Sie in der Bundesrepublik anders behandelt hätte?
Gute Frage – dazu kann ich leider nur wenig sagen. Ich kenne mittlerwei-

le einige Lebensläufe anderer intersexueller Menschen, die zumeist in den alten Bundesländern aufgewachsen sind. Im Rahmen der Selbsthilfetreffen habe ich nur vereinzelt Personen aus den neuen Bundesländern getroffen, die zudem auch mit ganz unterschiedlichen Formen von Intersexualität leben. Inwieweit sich die wissenschaftlichen Leitlinien zur Behandlung von intersexuellen Menschen in Ost und West unterschieden haben, müsste gegebenenfalls genauer aufgearbeitet werden.

Wie lief es in der Schule?
Ich bin gern zur Schule gegangen, denn Wissen hat mich schon immer interessiert. Bei uns im Osten war man ja meistens ganz kollektivistisch in eine Gruppe eingebunden. Natürlich war ich ein Außenseiter, aber keiner, der sich abgedrängt fühlte. Ich gehörte dazu, aber ich war dennoch immer so ein »Zwischending«.

Ich hatte das Gefühl, mir immer ein bisschen was rausnehmen zu können, und das war mir mehr als recht.

Zu Beginn der Schulzeit musste ich, wegen meines Äußeren, natürlich manchmal Hänseleien über mich ergehen lassen: »Was biste du denn nun, Junge oder Mädchen?« Im Nachhinein weiß ich, dass mich das gar nicht so verletzt hat, denn es stimmte ja. Es war ja die richtige Frage. Man hat mir ja nichts unterstellt. Ich glaube nicht, dass ich damals darunter gelitten habe.

Hat jemand geahnt, dass Sie ein Hermaphrodit, Zwitter oder intersexuell waren?
Das ist schon aufgefallen, man hat es nur nicht so benannt. Vor einiger Zeit hat mich der Vater eines Mitschülers angesprochen: »Mensch, du bist ja ein richtiger Kerl geworden. Das war ja früher nicht so, da wusste man nicht genau, was so mit dir los war.«
Ich war erstaunt über diese Aussage. Da muss also schon damals drüber gesprochen worden sein. Aber wer und wie man sich damals ausgetauscht hat, weiß ich bis heute nicht. Bei dem Gedanken, dass wohl viele Bescheid wussten, nur ich nicht, werde ich immer, auch heute noch, etwas verzweifelt. Das Wissen der Ärzt_innen wurde mir verwehrt; damit kann ich auch heute nur schwer umgehen. Wie viel wissen andere über

mich? Ich empfinde das als einen schweren Vertrauensbruch, weil man mir nicht sagen wollte, was mit mir los ist. Das hat mich sehr verletzt. Mit 17 oder 18 habe ich mich von meinem Elternhaus abgenabelt. Großartig gelenkt wurde ich von meinen Eltern nie, ich bin ziemlich frei erzogen worden und bin dann meine eigenen Wege gegangen. In der Familie hieß es immer: »Du bist völlig aus der Art geschlagen«. Diese Bemerkung hat mich nicht beleidigt, sie war eher eine positive Rückmeldung für mich, dass ich mich überhaupt entwickelt habe. Ich hab mich dem familiären Umfeld dann eher entzogen. Familie war für mich nur noch eine Art »Wohngemeinschaft«. Man hat mich versorgt, aber meine Eltern hatten in jenen Jahren ihre eigenen Probleme. Es war 1989, Wendezeit im Osten. Meine Eltern hatten als systemkonforme Menschen eigene Probleme. Da hab ich mich aus dem Staub gemacht, wollte ihnen nicht noch zusätzlich zur Last fallen.

Wie haben Sie sich dann mit Ihrer eigenen Intersexualität auseinander gesetzt?

Das Thema Intersexualität ist ja an sich eine sehr komplizierte Materie, mit all den Verletzungen und sozialen Verquickungen, mit den Tabus und rätselhaften Körperlichkeiten.

Im Berliner Kino Babylon gab es 2004 oder 2005 einen Themenabend zu Intersexualität (»Hermaphroditen – eindeutig zweideutig« von Ilka Franzmann und »Das verordnete Geschlecht« von Oliver Tolmein). Die Veranstaltung war gut besucht, ich schielte immer nach links und rechts, ob da noch andere sind, die in einer ähnlichen Situation leben wie ich. An einige Gesichter von damals kann ich mich erinnern, und ich habe heute teilweise Kontakt zu ihnen. Direkt nach dem Film wurde es brenzlig. Das war mir alles zu theoretisch, und ich konnte niemanden fragen, ob ich alles richtig verstanden habe, jetzt mussten Leute her. Ich hab mir das Berliner Stadtmagazin »Siegessäule« gegriffen, ein schwul-lesbisches Magazin, das sich mittlerweile auch für Trans*- und Intersex*-Themen geöffnet hat. Ich habe dann sämtliche Adressen von Beratungsstellen durchtelefoniert. Das Thema war den einzelnen Vereinen zwar nicht unbekannt, aber sie hatten noch keine Ansprechpartner, keine Organisation, die sie weiterempfehlen konnten.

Dann hatte ich das Glück, mit einem Ansprechpartner vom »Sonntags-club« am Prenzlauer Berg zu sprechen. »Wir machen hier ein Angebot für vielfältige Formen von Sexualität«, hieß es da. Aber als ich fragte, ob es denn auch einen Treff für intersexuelle Menschen gäbe, wurde mir gesagt, dass es einen solchen Treff noch nicht gäbe, aber ich könne doch einen solchen gründen. Nach ein paar Telefonaten und e-Mails war es dann soweit.

Die Einrichtung »Sonntagstreff« für Schwule und andere ist etabliert, es gab sie schon zu DDR-Zeiten. Ich hab also innerhalb des »Sonntags-treffs« und mit dessen Unterstützung recherchieren können und ande-re Intersexuelle getroffen. Und dann entwickelten sich bald Kontakte zu den »XY-Frauen«, und ich durfte an deren Treffen teilnehmen.

Wie fühlen Sie sich heute?

Es ist geblieben, wie ich am Anfang sagte: Ich kann mich seit meiner Kindheit teilweise den Jungs, aber auch den Mädchen zuordnen. Heu-te weiß ich, dass es möglich ist, sich weder dem einen noch dem anderen Geschlecht zuordnen zu müssen, da bin ich jetzt ganz klar. Das hätte ich früher nicht so beschreiben können. Es war aber schon immer so, dass ich mich nicht typisch männlich oder typisch weiblich fühle.

Als Kind hab ich auch gern mit meiner Modelleisenbahn, dem Modell-baukasten, aber auch mit Puppen gespielt und hatte den Wunsch nach einem Puppenwagen. Dieser Wunsch wurde mir verwehrt. Ein »Junge« mit Puppenwagen, das ginge eindeutig zu weit. Dann kam allerdings so-fort der Nachsatz meiner Mutter, den ich wohl heute verstehen könnte, wenn er denn so gemeint war: »Naja, musste ja damals sofort gemacht werden, da haben sich wohl die Ärzte falsch entschieden.« Das sind im-mer so Halbsätze, die man in seinem Kopf hat. Da muss man später ernst-haft aufpassen, dass man nicht anfängt, alles miteinander zu vermengen, im Nachhinein etwas konstruieren zu wollen. Konstruktionen haben lei-der auch den Nachteil, dass sie falsch sein können.

Was bedeutet es für Sie, beides zu sein? Sehen Sie das auch als Chance?

Ich hab mich natürlich nicht darum gerissen, aber ich nehme es an, inter-sexuell zu sein. Wir leben heute in einer Welt, in der das für viele scheinbar gar kein Thema ist. Da bin ich noch nicht einmal schräg drauf, da sind viele Leute noch ganz anders unterwegs (lacht).

Mir liegt viel daran, Hürden abzubauen, damit andere den Umgang mit intersexuellen Menschen lernen dürfen. Ich sehe mein Sosein nicht als Strafe, nicht als Krankheit, sondern als mein Sein. Es ist für mich ein Thema, an dem ich auch wachsen kann.

Gehen Sie offen mit Ihrer Intersexualität um?

Natürlich weiß mein engster Freundeskreis Bescheid, das ist mir sehr wichtig. Wichtig sind mir auch die Fragen, die mir in diesem Zusammenhang gestellt werden. Heute können die Eltern von intersexuellen Kindern ganz offen damit umgehen, da bin ich sehr beeindruckt. Es ist für alle gut, denn niemand muss mehr Versteck spielen. Eltern von intersexuellen Kindern, die offen mit dem Thema umgehen, sind auch ein positives Beispiel für andere Familien, die sich dies noch nicht trauen.

Anders als zu meiner Zeit werden den Kindern heute ganz andere Möglichkeiten gegeben.

Bei den Selbsthilfegruppen tut sich eine Menge, da sehe ich ein großes Potential. Die wissenschaftliche Aufarbeitung scheint mir hinterher zu hinken, sie sollte Intersexualität nicht als Störung begreifen, sondern als Vielfalt menschlichen Seins.

.

»Ein Schweigegebot hätte mich umgebracht!«
Eine Mutter, 46 Jahre

Wie geht ihr mit der Intersexualität des Kindes um?
Wir sind mit der Intersexualität sehr schnell sehr offen umgegangen, angeregt durch die Lektüre eines Buches, das damals gerade erschienen war und das sich mit dem Leben zwischen den Geschlechtern beschäftigt. Die Familie, deren Fall da beschrieben wird, hab ich noch in den ersten Tagen nach der Geburt über den Verlag kontaktiert. Im Buch war ein Weg beschrieben, der mir als einziger plausibel schien. Wir hatten uns vorher gefragt, ob es notwendig sei, die Intersexualität unseres Kindes geheim zu halten beziehungsweise nur dem engeren Freundeskreis davon zu erzählen. Es ist eigentlich gar nicht so unsere Art, Dinge geheim zu halten, aber es schien uns erst einmal angeraten, nicht so weitschweifig darüber zu reden – auch zum Schutz des Kindes. Wer weiß, ob das Kind das so will. Wir haben allerdings ganz schnell gemerkt, dass uns das Schweigen total isoliert hätte. Man wird dann so fremd den anderen gegenüber. Da macht sich ein Graben auf zwischen einem selbst und den anderen. Als ich einmal mit meiner Mutter sprach, wurde mir das klar: Die hatte mir erzählt, dass sie mit irgendjemandem darüber gesprochen hätte, und ich plötzlich dachte: Oh, mit wem hat sie wohl gesprochen? Muss ich jetzt kontrollieren, wer mit wem worüber gesprochen hat? Schlagartig wurde mir klar: Das kann es ja nicht sein und das überschreitet dann auch meine Befugnisse. Man sollte nicht alles kontrollieren wollen. Wir sind dann ziemlich schnell dazu übergegangen, einfach auch den Leuten auf der Straße, die in den Kinderwagen geguckt haben, auf die Frage: »Mädchen oder Junge«, zu antworten: »Wir können es Ihnen auch nicht sagen«.

Wie haben Sie reagiert, als sie zum ersten Mal mit der Diagnose »intersexuell« konfrontiert wurden? Während der Schwangerschaft hat doch keiner daran gedacht?
Ich wusste von nichts, ich war völlig vor den Kopf geschlagen. Sicherlich

70

war ich noch etwas benommen von der Kaiserschnittnarkose. Es war mir unvorstellbar, gleichzeitig hielt ich ja dies so gesund wirkende Kind in den Armen. Ich war glücklich über das Kind, das ich sofort als Mädchen eingestuft hatte.

Ein Mädchen hatte ich auch erwartet, und für mich war es ein Mädchen. Gleich schon durch die Art, wie sie geweint hat, das fand ich so anders als das Weinen meines Sohnes.

Ich weiß noch genau, wie ich das zu meiner Freundin gesagt hab, die noch in den Kreissaal gekommen war. Hör mal, das ist doch das Weinen eines Mädchens. Interessant, ich bin nämlich sonst überhaupt nicht jemand, der klare Stereotypen hat. Ich hatte mich sehr darauf gefreut, ein Mädchen zu haben. Das hat vieles höchstwahrscheinlich sehr beeinflusst. Ich konnte mir gar nicht vorstellen, dass mein Kind intersexuell sein sollte, das war so weit weg von all meinem Vorstellungsvermögen, ich konnte das erst einmal nicht fassen.

Es hat mich aber doch sehr beklommen gemacht, weil mein Kind gleich mit so einem Problem ankam – (lacht) –, das Kind kam gleich mit so einem Gewicht, was da so dranhing. Das hatten wir nicht erwartet. Das hat auch mein Denken erst einmal völlig überfordert, ich konnte nicht denken, dass jemand zwischen den Geschlechtern sein kann.

Fiel denn damals schon der Begriff »Zwischen den Geschlechtern«? Was haben die Ärzt_innen gesagt?

Es war uns zunächst gesagt worden: »Es ist ein Mädchen«. So haben sie es uns in den Arm gedrückt, obwohl sie wohl gleich wussten, dass es nicht so war. Dann kam am Abend der Kinderarzt, die anderen Ärzt_innen haben es ihm zugeschoben, den Eltern diese Diagnose »Intersexualität« zu überbringen. Damals gab es aber schon das Internet. Mein Mann hat sich noch am Abend der Geburt im Netz informiert. Das Wort AGS (Adrenogenitales Syndrom) war ja gefallen, als eine Möglichkeit, als eine Hypothese. Im gleichen Krankenhaus, so hab ich später erfahren, war vor zwei Wochen ein Kind mit AGS geboren worden, deshalb war der Arzt, der sonst auch nicht so damit befasst war, auf dieser Schiene. Mein Mann hat dann nach AGS im Internet geguckt und mir erzählt, was er gefunden hat. Dabei kam zum ersten Mal der Begriff »Intersexualität« ins Spiel.

Wie haben Sie reagiert?

Das kann man heute gar nicht mehr so nachvollziehen. Rückblickend empfinde ich es wie unter einer Nebelglocke. Eigentlich ist das schade. Ich erinnere mich noch an die Geburt meines Sohnes, das war einfach ein großes Glück. Eigentlich war auch die Geburt meines intersexuellen Kindes so ein großes Glück, eine schwierige Geburt, aber am Ende war alles gut gelaufen. Dann aber war es gleich so belastet, allein durch das Nicht-Wissen, ob es nun männlich oder weiblich ist. In den folgenden Tagen konnten die Ärzte AGS ausschließen. Man vermutete, dass es sich wohl eher um ein chromosomales Mosaik handele. Das war dann die Diagnose, die wir schon eine Woche nach der Geburt hatten.

Wie verliefen die ersten Jahre?

Die ersten Wochen waren heftig, wir mussten ja etwas abtrauern, da war etwas nicht eingetreten, so wie wir es uns vorgestellt hatten. Plötzlich standen wir allein in der Welt. Alle guckten auf uns und fragten sich: Was macht ihr nun damit? Keiner konnte etwas sagen.

Toll war, dass unsere Familien uns so zur Seite standen und uns versichert haben, dass sie voll bei uns seien. Auch unsere Freunde waren voll der Unterstützung! Es war einfach so etwas, was man nie vorher gedacht hatte. Das finde ich nach wie vor erstaunlich, dass man so durch die Welt gegangen war. Wir hatten zwar von Homosexualität, von Transsexualität gehört, aber nie von Intersexualität. Ich erinnere mich nur vage, dass ich wohl als Teenager einmal einen Artikel über einen Menschen mit uneindeutigem Geschlecht in der »Brigitte« gelesen und als junger Mensch gedacht hab, die müssen wohl irgendwelche Tabletten genommen haben – wie man eben so einen Schuldigen sucht, wenn die Welt sich nicht so darstellt, wie man sie sich vorgestellt hatte, und man jung und naiv ist.

Das könnte mir ja nicht passieren, hab ich wohl noch gedacht und so die Sache abgetan – bis einem das Leben eben doch »passiert«.

Es war für mich und meinen Mann eine große Herausforderung. Sehr schnell standen wir vor ungeheuer großen Entscheidungen, da wurde sehr deutlich, dass wir das sehr unterschiedlich tun, Entscheidungen treffen – darum geht's ja immer in Beziehungen; wie treffen wir gemeinsam Entscheidungen? In dem Moment waren wir so gefordert, dass wir einfach überfordert waren. Heute würde ich sagen, dass wir es gut gemeistert haben. Aber es war nicht leicht ... Wir haben uns dann gemeinsam entschieden, mit der Intersexualität unseres Kindes offen umzugehen.

Wie sieht das in der Praxis aus?
Wenn das Thema aufkommt – ich muss damit nicht hausieren gehen, aber wenn ich das Gefühl habe, dass es zwischen mir und dem Menschen, mit dem ich rede, einen Graben nur deswegen gibt, weil ich darüber nicht sprechen kann, dann rede ich darüber. Für mich passiert das sehr schnell, weil ich ein Mensch bin, der mit anderen sehr gern offen spricht. Am Anfang war das ganz stark, weil mich das Thema natürlich auch persönlich permanent beschäftigt hat. Es gab aber durchaus Begegnungen mit Menschen, denen würde ich das heute nicht mehr so schnell erzählen – nicht weil es schlechte Erfahrungen gegeben hätte, sondern weil es am Ende doch nicht so wichtig war für manche eher oberflächliche Beziehung.

Zu meiner Zeit gab es ja so etwas wie ein Schweigegebot. Wie war das bei euch?
Ein Schweigegebot hätte mich umgebracht. Was heute Schule oder Kindergarten angeht, da gehen wir sehr pro-aktiv heran. Ich bitte immer um Gespräche, bevor es losgeht. Und dann sage ich, mein Kind weiß um seine Intersexualität, deshalb werden es auch andere wissen und ihr müsst es als allererste wissen ... Ich erwarte von euch, dass ihr das unterstützt. Wenn ich darüber rede, dann auch, weil ich will, dass viele Leute darüber Bescheid wissen, auch zum Schutz meines Kindes. Ich hoffe auf diese Weise, dass sie mehr Menschen hat, die sie beschützen werden. Ich gehe davon aus, dass es für sie auch negative Erfahrungen geben wird, und ich hoffe, dass dann auch viele Menschen auf ihrer Seite stehen.

Die Aufklärung meines Kindes über dessen Intersexualität war für mich ein Problem. Wie habt ihr das gelöst? Seit wann weiß das Kind, dass es zwischen den Geschlechtern ist?
Von Anfang an. Vielleicht wusste es der große Bruder, bevor die Kleine es selbst wusste. So richtig akut wurde es, als sie vielleicht knapp drei

war, an der Ostsee während der Ferien. Wir gingen auf die Toilette. Also, offenbar ist die Toilette ein allererster Ort, an dem man über Geschlechter spricht. Gehe ich zu den Mädchen oder gehe ich zu den Jungen? Ich weiß, dass wir darüber gesprochen haben. Ich hab ihr erklärt: »Als du geboren wurdest, konnte man nicht genau sagen, ob du ein Junge oder ein Mädchen bist, denn du hast ein bisschen was von beidem, und du kannst dich eigentlich selbst entscheiden. Aber weil du ja mit der Mama bist, gehst du jetzt einfach mit zur Mädchentoilette!« In einer ersten Identitätsfindungsphase, Geschlechtsidentitätsphase, da wird erst einmal geguckt, was man selbst und die anderen so in der Hose haben. Das hat unsere Kleine auch ausgiebig gecheckt.

Trotzdem muss ich sagen, als sie dann den Kindergarten besuchte, war die Intersexualität viel weniger ein Thema, als ich es erwartet hatte. Das sind alles so Dinge, wenn ich gewusst hätte, dass das so einfach sein kann, dann hätte ich mir schon viel früher keine Sorgen gemacht. Ich denke doch, dass vieles erst dadurch zum Problem wird, dass man es selbst als Problem betrachtet und entsprechend damit umgeht. Ich hatte mich zu dem Zeitpunkt aber schon ganz gut gefangen: Eigentlich ist das kein Problem, wir müssen nur alle lernen, damit umzugehen. Ich hab auch immer pro-aktiv angeboten: »Kommt und fragt mich!« Ich hab mir überlegt, wie es mir denn gehen würde, wenn mir jemand so eine Geschichte erzählen würde. Ich wäre sicherlich total neugierig! Ich stelle mir einfach vor, dass die anderen Leute auch zu recht befangen sind und nicht wissen, wie sie mir gegenüber damit umgehen sollen. Also versuche ich, Ihnen dabei zu helfen.

Fällt es Ihnen schwer, mit den Begriffen »normal« oder »krank« umzugehen?
Es ist ein Anderssein. Es ist deutlich anders und ich würde auch gar nicht so tun, als wäre es nicht so. Mein Kind empfindet es so und ich empfinde es auch so. Wie man das bewertet, das ist noch einmal was anderes. Wir müssten ja nicht soviel darüber reden, wenn es normal wäre. Normal in dem Sinne, was wir im Regelfall erwarten. Ich will auch nicht so tun, als ob es etwas ganz Normales wäre. Mit meinem Sohn denke ich über ganz andere Dinge nach, also ist es doch etwas, was mich betroffen macht oder

dauernd da ist, was mich verunsichert und mich nachdenken lässt und mein Kind auch. Es ist und bleibt ein Kategorienproblem.

Es ist unser menschliches Bedürfnis in Kategorien zu denken, das uns hier beschränkt. Und die Befreiung liegt wohl darin, das zu erkennen.

Können Sie sich denn eine Welt vorstellen, die nicht männlich und weiblich normiert ist? Das ist ja eine Forderung intergeschlechtlicher Menschen?

Ich fordere das nicht. Aber ich bin ja auch kein intergeschlechtlicher Mensch! Ich fordere das auch nicht zum Wohl meines Kindes. Ich glaube nicht, dass wir je zu einer Wahrnehmung kommen werden, in der wir nicht in »männlich« oder »weiblich« einteilen. Tatsache ist doch, dass wir diese Pole wahrnehmen, sie sind einfach da. Wollen wir das einfach umkrempeln? Ich weiß nicht, ob man das erwarten darf. Mir geht das zu weit.

Ich erwarte aber auf jeden Fall eine größere Offenheit in der Gesellschaft, eine größere Inklusion und eine größere Rücksichtnahme. Veränderung braucht Zeit. Ich erwarte schon ein größeres Entgegenkommen, und vor allem ein Überdenken der Geschlechterrollen. Die Befreiung liegt am Ende in einem sehr offenen Rollenverständnis für die Geschlechter. Das wird Zeit dauern, und vielleicht wird sich mein Denken auch noch einmal verändern.

Gibt es nicht schon Fortschritte? Kann man nicht bei der Kategorie »Geschlecht« männlich/weiblich im Register ankreuzen oder das einfach weglassen?

Interessant ist, dass das ja sofort auch wieder zum Problem wird. Es ist etwas ganz anderes, wenn ich's dann weglassen muss! Wenn der Arzt sagt, das ist ein intersexuelles Kind, *muss* ich es dann weglassen? Oder *darf* ich's dann weglassen? Und welche Konsequenzen hat das für mein Kind, wenn es dann erst einmal weggelassen wurde? Heißt das denn, ein Mensch, bei dem damals der Geschlechtseintrag weggelassen wurde, und bei dem das damals nicht klar war, darf der dann auch keine Ehe eingehen? Das würde mich auch wieder vor Probleme stellen.

Welche Erfahrungen haben Sie in den letzten Jahren mit der Schule gemacht?

Seit einem Jahr besucht unser Kind eine kleine evangelische Schule, die ist natürlich gleich ein bisschen familiärer vom Typ her. Wir haben von der Schule erwartet, dass da mehr auf Einzelfälle eingegangen wird, und ich hatte von Anfang an mit ihnen offen gesprochen. Die Rektorin, die Klassenlehrerin und die Erzieherin waren sehr aufgeschlossen für unser Anliegen. Trotzdem bekam ich bald den Eindruck, dass sich das größere Kollegium erst einmal gar nicht so damit beschäftigt hat. Ich war also ein bisschen verärgert. Ich habe gedacht, es wird hier soviel von Inklusion geredet. Ich hatte erwartet, dass das ganze Lehrerkollegium darüber informiert wird, weil ich dachte, wer weiß, wann und an welcher Stelle, auf dem Schulhof oder im Schulhaus das Thema auftritt, dann müssen doch die Leute Bescheid wissen, um damit umgehen zu können. Aufklärung war mir sehr wichtig, und das ist zu Beginn ungenügend passiert – wohl auch, weil zu Beginn des Schuljahres so viel anderes auf den Weg gebracht werden muss. Auf meinen Wunsch hin durfte ich dann in der Lehrerkonferenz sprechen. Da herrschte erst einmal große Betroffenheit, dann aber ein Staunen über meine Offenheit, so etwas hatten sie nicht erwartet. »Ich möchte, dass Sie das wissen, weil ich will, dass wir meinem Kind einen Weg ermöglichen, auf dem es seine eigene Identität findet und es kann eben nicht sein, dass wir es in eine Rolle drängen. Ich möchte«, so habe ich gesagt, »dass alle dafür offen sind und dass das Kind uns zeigt, wo es hin will.« Das war mein Anliegen.

Mit der Einschulung kam die Frage, wie klären wir jetzt, auf welche Toilette mein Kind geht. Das war mir auch nicht klar gewesen, denn erst in der Schule gibt es ja Jungs- und Mädchen-Toiletten. Ich glaube, mein Kind war überrascht, dass wir darüber überhaupt geredet haben und ich war wiederum überrascht, dass mein Kind sich entschlossen hatte, auf die Jungs-Toilette zu gehen, auch in die Jungs-Umkleidekabine. Aber alle sind damit gut umgegangen. Der Sportlehrer ruft jetzt nicht mehr: »Alle Mädchen hierher, alle Jungs da lang«, sondern: »Alle, die in die Mädchen-Umkleidekabine gehen, gehen jetzt hier lang, alle, die in die Jungs-Kabine gehen, da lang«. So ein bisschen offener. Alle können sich entscheiden, alle haben die Wahlmöglichkeit.

In der Schule war das in den ersten zwei Wochen ein Thema, es gab auch so einen gewissen »Touristenansturm« an Kindern, die sind zu meinem Kind gepilgert, insbesondere aus den anderen Klassen, denn man hatte ja gehört: Da ist ein Kind, das sagt, es sei beides. Ich habe mein Kind gefragt, ob es ein Problem sei; mein Kind meinte, es sei kein Problem, und irgendwann hat es sich auch erledigt. Was interessant ist, es wird von einigen Schulkameraden mit seinem weiblichen Vornamen angesprochen und gleichzeitig mit »er«. Das läuft auch! Es ist erstaunlich, was alles möglich ist auf dieser Welt. Die Kinder haben das akzeptiert und fertig. Für die Kinder ist das viel weniger ein Problem als für die Erwachsenen. Die betrachten das auch jetzt mit Interesse und Neugier. Und das ist ja auch die richtige Haltung. Aber, man muss immer dranbleiben. Gleichzeitig möchte ich nicht den Eindruck erwecken, wir wollten uns in den Vordergrund spielen. Man muss eine gute Balance finden, zwischen: Wir wollen, dass ihr das wisst, wir wollen jetzt aber kein großes Bohei darum machen. Das ist mir sehr wichtig.

Wie geht der Bruder damit um?
Der Bruder ist immer schon ein toller Bruder gewesen, ein sehr behütender Bruder, das ist ihm einfach mitgegeben. Es hätte auch anders sein können. Er hätte ja auch ziemlich eifersüchtig sein können, denn er hatte die Prinzenrolle innegehabt. Er war aber von Anfang an sehr verliebt und sehr besorgt. Wir reden ganz offen miteinander. Unlängst kam er an und sagte: Also immer, wenn ich jemandem sage, dass meine Schwester beides ist, dann wollen die natürlich gleich wissen: »Was hat sie denn?« Solche Gespräche kommen dann. Irgendwie ist meinen Kindern die Welt der Mädchen sehr fremd. Sie fühlen sich mehr von Jungs-Welten angezogen. Jungs grenzen sich ja ganz schön Mädchen gegenüber ab. Manchmal frage ich mich, ob sich mein Kind jetzt so stark den Jungs zugeschlagen fühlt, weil Mädchensein ja auch nicht »in« ist, mit diesem Bruder. Vielleicht hat sie Angst, dass die Spiele, die sie eben gern spielt, die sehr stark in die Jungs-Welt gehören, dass sie ihre Spielgenossen verlieren würde, wenn sie sich stärker als Mädchen identifiziert. Da bin ich sehr gespannt, wie sich das weiter entwickeln wird.

Hat sie Kontakt mit anderen Intersex-Kindern?
Über die Selbsthilfegruppe und deren Treffen ein oder zwei Mal jährlich. Diese Treffen sind für sie sehr präsent, und es ist eine sehr wichtige Erfahrung zu wissen, dass man nicht allein ist. Das gilt auch für uns Eltern. Glücklicherweise sind wir eine Gruppe, in der sich auch die Eltern wohl fühlen und über anstehende Probleme austauschen können.

Wie sieht es mit Therapien aus?
Im Augenblick überhaupt nicht. Wir als Eltern gehen auch nur noch recht selten zu einer Therapiesitzung, das ist jetzt eigentlich nicht mehr so dringend. Wir merken, dass unsere eigenen Erfahrungen viel mehr bedeuten, als das, was die Therapeut_innen erfahren haben. Therapeut_innen können gut Fragen stellen und ein Gespräch eröffnen. Das hilft uns dann manchmal, in einer anderen Weise miteinander über Probleme zu sprechen. Am Anfang allerdings waren Therapiestunden sehr wichtig und hilfreich.

Hilft der christliche Glaube bei der Bewältigung von Problemen?
Ich denke, am Ende geht es beim Christentum um Liebe, Hoffnung, Vergebung und die Frage, wie denn ein friedliches Miteinander möglich sei. Und da ist Mann- und Frausein für mich eine solche Randerscheinung (lacht), dass ich mir nicht vorstellen kann, wie sich jemand durch den Satz »und er schuf sie als Mann und Frau« so bedroht fühlen kann. Es ist mir absolut unverständlich, wie man diesen Satz als etwas Festlegendes hochhalten kann. Ich find es eher bestätigend, denn es heißt: und er schuf sie als Mann und (!) Frau, und da sag ich: So ist es ja auch. So ist es ja auch bei meinem intersexuellen Kind.

Für mich waren damals die Begriffe »Zwitter« und »Hermaphrodit« negativ besetzt. Wie sieht das heute aus?
Als Kind dachte ich beim Begriff »Zwitter« immer an Schmetterlinge, eher etwas Lustiges. Aber heute fällt es mir doch schwer, ihn als Begriff anzunehmen, der nicht irgendwie besetzt ist. Und »Hermaphrodit«, der Begriff kommt mir zu stark aus der Mythologie.
   »Zwischengeschlechtlich« finde ich eigentlich einen der schönsten Be-

griffe. So empfinde ich mein Kind auch. Ich empfinde mein Kind nicht als etwas anderes, sondern als zwischengeschlechtlich. Ich kann nur denken: Mann und Frau. Es tut mir leid, ich hab's nicht anders gelernt. Ich habe viel gelernt über mein Kind, aber ich merke, dass auch mein Kind immer danach sucht, sich zuzuordnen in diese Kategorien, die es gibt. Ich würde meinem Kind gern ermöglichen, einen, seinen Weg zu etwas Intergeschlechtlichem hin zu finden, ob das möglich sein wird, kann nur mein Kind mir zeigen. Für mich erweist sich immer wieder, dass ich sehr geprägt bin durch diese Kategorisierung, ich erwarte eigentlich nicht, dass sich das einfach auflösen wird. Ich kann mich da annähern, und ich übe mich darin, und ich finde das nicht mehr so schlimm. Mein Kind wird sicher seinen eigenen Weg finden.

»Grenzüberschreitung scheint mein Lebensthema zu sein«
Simon, 45 Jahre

Wie verlief Ihre Kindheit und Jugend?
Ich bin bis ungefähr zu meinem fünften Lebensjahr relativ unbeschwert aufgewachsen. Wobei hinter meinem Rücken immer auch gesagt wurde, dass ich eben »nicht ganz normal« wäre. Das Untypische war dann ab der Pubertät kaum mehr zu verheimlichen und augenscheinig.

Mit 15 Jahren musste ich dann passende Überlebensstrategien entwickeln. Eine Entwicklung, wie bei der Geburt zunächst angenommen, zeigte sich nicht. Ich war weder als Mädchen noch als Junge einzuordnen. Mein Körper veränderte sich wohl in Größe, Statur beispielsweise. Wenn man uns Geschwister miteinander vergleicht, dann sind die Unterschiede zwischen meiner Schwester und meinem Bruder und mir recht eindeutig.

Ab der Pubertät fing der Kampf mit öffentlichen Umkleideräumen, usw., und den Papieren an. Schon bei den Exkursionen und Freizeiten ab einem gewissen Alter (z.B. mit 14 im Landschulheim) kann ich mich nicht darin erinnern in der ganzen Woche überhaupt geduscht zu haben – es war eine Sammeldusche ...

Mein Körperbild hat sich im Laufe des Lebens mehrfach in dem androgynen Rahmen etwas verschoben. Aber der Konflikt mit Aussehen, Wirkung und Papieren (dem bei der Geburt zunächst eingetragenen Geschlecht) war Grundthema. Den damaligen Geschlechtseintrag habe ich erst sehr viel später (und durchaus reflektiert, kritisch) ändern lassen.

Ich muss an dieser Stelle etwas ausholen. Ich habe einen europäischen Hintergrund, habe in Deutschland und in Frankreich gelebt. Meine Eltern haben in gewisser Weise immer gemacht, was sie wollten. Gerade für meinen Vater waren Arztgänge, was die Nachbarn sagen, Kirche usw. kein Thema, und meine Eltern hatten genug mit sich zu tun oder waren sowieso sehr auf sich bezogen. Als ich 16 war, riet eine Großmutter davon ab, zum Arzt zu gehen. Auch um des lieben Friedens willen innerhalb der

Verwandtschaft. Hinzu kam, dass ich ein selbstbewusst-stoisches, selbstgenügsames Kind war und auch recht wild zum Teil. Auch ich machte im Grunde, was ich wollte. Da ich gewisse Hausregeln aber einhielt und die schulischen Leistungen gut waren, haben meine Eltern mich einfach laufen lassen. Im Übrigen beherrschten sie das »System der Drei weisen Affen«: nichts sehen, nichts hören, nichts sagen. Sie waren grundsätzlich überfordert, und froh, sich dem Thema nicht weiter stellen zu müssen. Großmutters Rat: »Das wächst sich noch aus«, wurde gern befolgt. Und ich bestätigte sie darin. Manchmal kann Ignoranz auch ein Schutz sein. Für mich war es mit 16 eher eine Adelung, nicht »normal« zu sein. Mich hätte man auch nicht so einfach zum Arzt gekriegt. Ich habe immer in mir gewusst, dass ich untypisch bin. Schon bevor es offensichtlich war. Instinktiv hatte ich Angst davor, dass meine Eltern mit mir zum Arzt gehen könnten. Es gab Freund_Innen von mir, die zum Beispiel Hormone bekamen, weil sie »zu groß« würden. Mir war klar, dass man mit mir noch mehr angestellt hätte, als nur Hormone zu verordnen.

Innerhalb von gewissen Nischen oder Clustern wie in den 1990er Jahren in Paris oder in Berlin unkonventionell zu sein, »Bohème«, naturwissenschaftlich-kreativ zu studieren, erste Jobs und Aufträge in diesem Millieu zu haben, ging recht gut. Mit Mitte zwanzig oder dreißig. Wirkliche Probleme kamen aber etwas später.

Der Standardspruch war: »Ist das ein Mann oder eine Frau?«

(Heute nehme ich selbstbestimmt und wegen einer Osteoporose und anderen Dingen Testosteron, bin jetzt also virilisierter als in jenen Jahren.) Ich habe mit dieser Frage als Standard gelebt. Zwanzig Jahre lang. Mit allem, was das im Alltag an Anekdoten und Problemen mit sich bringt. So wurde ich zum Beispiel für transgeschlechtlich, eine Transfrau am Beginn des körperlichen Angleichungsweges gehalten, im Straßenraum so bedroht und auch entlassen oder gemobbt. Mit mehr Problemen in Berlin.

Ich konnte mich nicht in einer gewissen Unsichtbarkeit verstecken wie manch andere intergeschlechtliche oder atypische Menschen vielleicht. Den Schutzraum hatte ich immer bei mir, durch mich oder in mir selbst.

Meine Eltern haben mich nach meinem Auszug mit 19 nicht mehr besucht. Ab da bin ich völlig alleine und ohne jegliche Unterstützung meinen Weg gegangen. Sie wissen gar nicht, wer ich bin oder was ich mache. Das muss man aushalten und damit umgehen können.

Vielleicht wird es mit mehr Geschlechtervielfalt in Zukunft einfacher. Eltern atypischer Kinder kann ich nur darin bestärken, wie wichtig die Vermittlung eines gesunden Selbstwertgefühls ist.

Wie haben sich die Ärzt_innen Ihnen gegenüber verhalten?
Zeitweise in Paris, zeitweise in Berlin unterwegs, konnte ich mich immer nachhaltigen Zugriffen entziehen. Damals gab es nur die pathologisch-medizinische Literatur. Ein naturwissenschaftliches Studium half teilweise. Zumindest so, als dass ich um eine gewisse Variabilität im Geschlechtlichen wusste. Die Overzier-Bibel (Claus Overzier, »Die Intersexualität«, 1961) hatte mir eine Freundin neben den Brötchenkorb auf den Frühstückstisch gelegt mit der Bemerkung: »Davon bist du doch wohl auch betroffen ...«

Man las so manches über Entartungsrisiken. Das und die Frage, wie langfristig z.B. mit dem Geschlechtseintrag umzugehen ist, ob für Änderungen, Hormone etwa, eine Diagnose, invasive Untersuchungen nötig sind, trieb mich in Sechs-Jahresabständen zum Arzt. Der erste Arzt hat mich damals sofort nach einer Chromosomenanalyse gefragt und seine Vermutung nahegelegt, dass es sich um Intersexualität handeln müsse. Das müsse dann auf jeden Fall, schon prophylaktisch, operiert werden. Das Genitale wäre eine andere Frage. (Immerhin.) Ich erwiderte, dass ich mich aber völlig gesund fühlte, keine Probleme hätte und ob man nicht grundsätzlich warten könne, bis eine maligne Veränderung (wenn überhaupt maßgeblich) konkret der Fall wäre. Ich sagte dem Arzt, dass ich einer Operation erst zustimmen würde, wenn die Gonaden konkret entarten, keinesfalls vorher. Der Arzt schwieg. Aber dann ist ihm folgender Satz herausgerutscht, und mir war schlagartig klar, worum es geht. Er murmelte nämlich: »Wir wollen ›es‹ ja nicht auch noch züchten.«

Mit einem intakten Körper, der sich möglicherweise auch noch multiplizieren (vermehren) kann, ist man mehr als suspekt. Ich habe mir nicht anmerken lassen, wie sehr mich der Satz aufgewühlt hat. Ich bin dann sieben Jahre in dieser Angelegenheit nicht mehr zum Arzt gegangen. Wenn später die Bemerkung bei einer Visite kam, dass es fahrlässig von mir wäre, eine Untersuchung/Diagnose weiter aufzuschieben, gab ich an, es in Paris machen zu lassen oder auch umgekehrt in Berlin ... Je nachdem, wo ich gerade war. Einmal volljährig und abhängig von der persönlichen körperlichen Konstitution geht das.

Die Angelegenheit mit den Papieren war allerdings weniger »kreativ«. Der Name ging je nach Land und Betonung schon mal so oder so durch. Das war relativ alltagstauglich. Ab einem gewissen Alter und in einem anderen Milieu als Kunst, Medien und Kultur aber ist es nicht immer »schick« oder schlicht nicht respektabel, wenn mit der Person und/oder den Papieren zu viele Ambivalenzen einhergehen. Das war zum Beispiel für den Lehrauftrag damals in Paris ein Thema.

Meine Erfahrung ist: Wahrheit und Ehrlichkeit helfen am ehesten. Selbst wenn die Menschen sagen: »Ach so, ja gut, Sie sind intergeschlechtlich«, und trotzdem nicht wirklich wissen, was das ist. Sie brauchen eine Schublade, selbst wenn es eine variable ist. Der Rest ist immer und überall vom persönlichen Auftreten abhängig. Man sollte heute weitestgehend ehrlich sein, aber es muss auch nicht mit jeder Person ausdiskutiert werden oder plakativ zur Schau gestellt. Es ist nichts Besonderes. Intergeschlechtlichkeit ist verbreiteter als vielen bekannt ist, selbst sehr unterschiedlich wie die Menschen, und berührt fundamentale Fragen, von denen viele Menschen im Allgemeinen »betroffen« sind. Sie reichen in Bereiche von Wissenschaftstheorie bis hin zu Gesundheitspolitik, Krebsvorsorge, Bioethik, Lohnbenachteiligung der Frauen, sexuelle Vielfalt, Öffnung der Ehe, Adoptionsrecht usw.

Von dieser Seite möchte ich mich in Zukunft der Thematik nähern.

Summa Summarum habe ich es zumindest geschafft, so zu bleiben, wie ich war, mich selbst zu definieren und auch selbst zu entscheiden, was ich tue oder lasse, wie ich leben will. Natürlich waren manche Gegebenheiten oder Zielvorgaben dabei nicht ganz willkürlich. Auch der intergeschlechtliche Körper hat seine Bedingungen, seine eigenen.

Wie sieht Ihre wissenschaftliche Arbeit aus?
Ich möchte in den Diskurs um Geschlechtlichkeiten oder typische/atypische Körper neue wissenschaftliche Sichtweisen, neue Ansätze einbringen. Dieser Weg hat sich sicherlich aus meiner persönlichen Ge

schichte gespeist. Ich glaube, dass es möglich ist, persönliches (Er)Leben und Wissenschaft miteinander zu verbinden. Das ist das wahre Leben.

Es war auch zu lange so, dass von anderen in ihrer Sprache zu Intersexualität geschrieben, reflektiert, doziert wurde. Das fängt schon mit dem Begriff »Intersexualität« an sich an. Es gibt noch eine Problematik, abgesehen davon, dass niemand gern vor die Wand gestellt und photografiert wird oder als »Fall« unterwegs ist, während andere als »Experten« ihre inhaltliche Einbindung vornehmen. Die Problematik ist: Wissenschaftlich wird oft nur »gesehen«, was man erkennen kann oder will. Versteckt zumindest waren daher mit Sicherheit bei allen kontroversen Themen und zu allen Zeiten schon immer auch »Betroffene« oder verbündete Freigeister dabei.

Wer offen ausführt, was manche nur ungern hören wollen, endet dafür, zumindest in Westeuropa, nicht mehr als Barbecue. Und es muss der »Expertise« keinen Abbruch tun, sich selbst zu outen. Es gehört allerdings auch persönlich nach wie vor noch Mut und eine gute Portion Selbstbewusstsein dazu. Von Vorteil ist eine selbständige Lebensgrundlage. Die Basis für eine Diskussion auf Metaebenen ist, mit dem eigenen Lebensthema im Reinen zu sein.

Grenzüberschreitung scheint insgesamt mein Lebensthema zu sein. Was nicht immer beglückend war. Ich kann mir eine gewisse Offenheit beruflich wie familiär eher erlauben. Ich bin, gezwungenermaßen, geübt in Grenzgängen aller Art.

Geschlecht ist insgesamt ein komplexes Thema. Und auch biologisch viel komplexer, vielschichtiger, variabler als in den Schulbüchern steht oder wie im ICD (Internationaler Katalog der Krankheiten der Weltgesundheitsbehörde) systematisiert. Das Buch hier kann nicht den Raum bieten, darauf explizit einzugehen. Das wird an anderen Stellen erfolgen. Selbst an medizinischen Fakultäten wird noch heute die alte Sichtweise auf Aberrationen, Abweichungen, belegt mit »Fallbeispielen«, gelehrt.

Als ich vor einigen Jahren anfing, offener mit dem Thema unterwegs zu sein, habe ich mich zunächst wie ein Schneekönig gefreut, andere Intergeschlechtliche kennenzulernen. Ich war eben nicht allein, und es gibt viele verschiedene, überall. Ich kam mir ja immer wie eine neue Unterart der Art Homo sapiens vor. Besonders habe ich mich auf das Austauschen der Lebensanekdoten und -geschichten gefreut. Bei den Zusammentreffen entwickelt sich ein gewisser (schwarzer) Humor und eine Gruppendynamik, wie sie sich eben nur ergeben, wenn so ein Kreis von Menschen aufeinander trifft. Selten so gelacht. Selten so geheult.

»Betroffen« und traurig hat mich allerdings gemacht, auch hier zu erfahren, dass ich »anders« bin (wieder einmal): nicht behandelt und selbstbestimmt.

Die meisten der »anderen« mussten schwere Grenzverletzungen hinnehmen, sind traumatisiert. Das immense Abenteuer und die große Freude darüber endlich andere zu kennen, wich zunächst einem großen Schuldgefühl. Mir wurde das ganze Ausmaß der Fragen schmerzlich bewusst. Bis hin zu Fragestellungen wie Abtreibung, Pränataldiagnostik, die zukünftig an Brisanz gewinnen – und über die immer noch viel zu wenig gesprochen wird.

Die erste Generation der intergeschlechtlichen Menschen, die an die Öffentlichkeit ging, bestand oft aus Einzelkämpfer_innen, deren Verdienst nicht hoch genug zu schätzen ist. Der Dialog hat nun angefangen. Endlich. Die nächste Generation wird das Thema auch auf Metaebenen bringen müssen und jenseits der Täter-Opfer-Dynamik verhandeln. Ich freue mich darauf, wenn die vielen spannenden Menschen endlich vermehrt aus der Unsichtbarkeit heraustreten.

.

POSITIONEN

»Auch Kinderrechte sind Menschenrechte!«

Claudia Kittel, National Coalition

Als Mutter eines intersexuellen Kindes war mir über Jahre nicht klar, dass die Entfernung der Gonaden im Babyalter einer Menschenrechtsverletzung gleichkommt. Wie sehen Sie das?
Wir von der National Coalition haben uns dem Thema aus kinderrechtlicher Perspektive genähert. Die Kinderrechte als Teil der Menschenrechtskonvention der Vereinten Nationen geben ganz klare Vorgaben: Es gibt einen Artikel 2, der die Antidiskriminierung regelt, aus dem hervorgeht, dass ein Kind unter 18 Jahren nicht diskriminiert werden darf aufgrund seiner Rasse, seines Geschlechts oder seiner Herkunft u.v.m., und es gibt den Artikel 19, der dem Kind den Schutz vor körperlicher Gewaltanwendung garantiert. Damit gibt es eine eindeutige Vorgabe, die seit 1995 auch in Deutschland gültig ist: Eine Entfernung der Gonaden ist demnach auch aus kinderrechtlicher Sicht eine Menschenrechtsverletzung, weil es sich um einen medizinisch nicht indizierten Eingriff handelt, der mit seinen Folgen – so zeigen es die Berichte vieler Betroffener – durchaus als körperliche Gewalt eingestuft werden kann. Darüber hinaus handelt es sich um einen Eingriff in die intimste Persönlichkeitssphäre eines Menschen, zu der auch das Grundgesetz eine klare Haltung im Sinne eines Verbotes hat.

Was für Ziele hat die National Coalition?
Die National Coalition ist ein Zusammenschluss von über einhundert Organisationen und Verbänden, die sich alle für Kinderrechte stark machen. Ein solches Engagement für Kinderrechte wird leider oftmals damit gleichgestellt, dass sich diese Organisationen ausschließlich mit der Beteiligung von Kindern und Jugendlichen befassen würden. Das ist aber nicht der Fall. Die Kinderrechte sind viel, viel mehr: Es geht darum, die Subjektstellung des Kindes in den Vordergrund zu rücken. Nennen möchte ich hier vor allen Dingen Artikel 3 der UN-Kinderrechtskonvention. Er be-

nennt den Vorrang des Kindeswohls (so lautet die deutsche Übersetzung). Dabei ist das »Kindeswohl« im Deutschen ein juristisch eher schwieriger, ja fast schwammiger Begriff, der meist im Zusammenhang mit Sorgerechtsstreitigkeiten seine Anwendung findet, oder wenn Kinder in Obhut genommen werden. Im Englischen heisst es: »best interests of the child«, und das ist ja doch noch etwas anderes als das, was wir als Erwachsene denken, was nun das »Wohl« des Kindes wäre. Hier geht es um das ganz eigene Interesse des Kindes. Diese Formulierung stellt das Kind eindeutig als ein Subjekt dar. Nicht als ein Objekt der Erziehung. Sondern als einen eigenständigen Menschen, mit eigenständigen Rechten von Anfang an, den ich zu respektieren habe. Gleichzeitig – und das ist das Besondere bei den Kinderrechten – muss ich ihn als erwachsener Begleiter vor Übergriffen schützen und ihm so weit es geht ermöglichen, Entscheidungen für sich selbst zu treffen. Kurz: Selbstständigkeit fördern. Das ist eigentlich schon eine pädagogische Haltung, die diese Konvention in sich trägt, und ein Bild vom Menschen bzw. vom Kind. Aber bei denen, die die Gesetze in diesem Land schreiben, ist es immer noch so, dass Kinder oftmals als Objekte der Erziehung Beachtung finden. Deshalb kämpfen wir auch für eine Aufnahme der Kinderrechte ins Grundgesetz. Wir versprechen uns davon einen regelrechten »Push«, dahingehend, dass Kinder endlich als eigenständige Rechtspersönlichkeit wahrgenommen werden.

Neben unseren Aktivitäten auf nationaler Ebene, haben wir auch noch eine ganz konkrete Aufgabe bei den Vereinten Nationen in Genf: Wir müssen den Bericht der Regierung zur UN-Kinderrechtskonvention kommentieren. Die Regierung ist aufgefordert, alle fünf Jahre darüber zu berichten, was sie gemacht hat, um diese Konvention in Deutschland zu verwirklichen. Wir werden dann zu einem Vorbereitungstreffen eingeladen und sollen aus Sicht der NGOs (Non-Government-Organisations) sagen, wie die Situation ist. Regierungen neigen dazu – das kann man sich sicher denken – das Positive hervorzuheben. Als NGO haben wir dann in Genf die Gelegenheit, auf Missstände und Probleme hinzuweisen.

Die Ergebnisse dieses Austauschs nutzt dann der Ausschuss, um mit der Regierung zu sprechen, nach Problempunkten zu fragen und anzubieten, bei der Problemlösung behilflich zu sein. Es geht also nicht so sehr um das Rügen, sondern um das Finden von Lösungen. Was nun die intersexuellen Kinder in Deutschland angeht, so haben wir uns gerade aktuell für deren Belange stark gemacht. Wir haben darüber beim UN-Menschenrechtsrat im Rahmen des Universal Periodic Review (UPR) berichtet. UPR ist ein ganz besonderes Verfahren, denn hier überprüfen sich die Staaten untereinander hinsichtlich ihrer allgemeinen Menschenrechtssituation und nicht – wie sonst üblich – unabhängige Expert_innenkommissionen. Das nennt sich »Peer Review«. UPR hat in der Vergangenheit ziemlich viel mediale Öffentlichkeit erhalten. Wir hoffen nun sehr, beim UN-Menschenrechtsrat Gehör für das Thema zu bekommen. Die ersten Schritte haben wir bereits eingeleitet: unser Bericht ist eingereicht, wir haben beim vorbereitenden Treffen mit den NGOs vorgetragen und z.B. Botschaften anderer Staaten angeschrieben und darum gebeten, dass diese die deutsche Regierung zum Umgang mit den geschlechtszuweisenden Operationen befragen.

Das war spannend, nun konnte man sich damit auseinandersetzen, wer alles Gesetzesregelungen zum Thema Intersex hat. In welchem Land zum Beispiel die geschlechtszuweisenden Operationen gleich nach der Geburt verboten sind oder welche Regelungen andere Länder im Personenstandsrecht formuliert haben. Wir haben dabei herausgefunden, dass z.B. in Argentinien ein ganz tolles Gesetz geschrieben wurde, das sogar kinderrechtebasiert ist. In diesem Gesetz ist klar geregelt, dass Kinder erst dann operiert werden dürfen, wenn entweder ihr Vormund nach guter Abwägung (!) eine Entscheidung getroffen hat oder die Kinder selbst in der Lage sind, diese Entscheidung zu treffen. Zentral dabei ist die immer erforderliche umfassende Beratung sowohl der Eltern als auch der Kinder.

Wie sieht es nun in Deutschland aus?
Bei uns gibt es kein generelles Verbot der geschlechtszuweisenden Operationen. Es ist immer noch so geregelt, dass die Mediziner_innen die Eltern beraten, und die Eltern dann als Sorgeberechtigte die Entscheidung für ihre Kinder treffen dürfen. Eltern berichten allerdings, dass sie viel zu wenig Beratung erfahren, dass sie von den Mediziner_innen zu schnellen Entscheidungen gedrängt werden. Und das, obwohl die Leitlinien der Kinder- und Jugendärzt_innen vorgeben, dass der Aufschub der Operationen das Beratungsziel sein sollte. Und die Berichte der zwischenzeitlich er-

wachsenen Betroffenen haben ja auch in diese Richtung belehrt. Dennoch sind gerade frühe Operationen (kurz nach der Geburt), das hat eine Erhebung des Deutschen Ethikrates 2011 ergeben, offensichtlich in Deutschland noch gängige Praxis. Im Personenstandsgesetz hat es allerdings gerade eine Neuregelung gegeben, die im November 2013 in Kraft treten wird: Danach muss dann, wenn nach der Geburt Arzt, Eltern oder Hebamme feststellen, dass ein Kind intersexuell ist, das Ankreuzen von »männlich« oder »weiblich« auf der Geburtsurkunde offen gelassen werden.

Zunächst einmal ist diese Neuregelung sehr erfreulich. Zumal damit erstmals aktenkundig wird, dass es auch etwas anderes als nur »männlich« und »weiblich« gibt. Darüber hinaus ist es das erste Mal, dass in einem Gesetz das Wort »Intersexuelle« vorkommt. Damit ist – ganz im Sinne der Antidiskriminierung – eine Gruppe von Menschen in unserem Lande endlich sichtbar geworden. Per Gesetz sind also intersexuelle Menschen jetzt endlich registriert. Aber die Registrierung auf der Geburtsurkunde birgt noch einige ungelöste Probleme: Was passiert mit einer Geburtsurkunde, auf der weder »männlich« noch »weiblich« angekreuzt ist? Wie geht eine Kita damit um, wie die Schule, wie der Sportverein? In welche Mannschaft kommt das Kind? Das ist alles noch ungeklärt, wobei der Sportverein vielleicht noch das geringste Problem darstellt. Wenn man nicht zugeordnet werden kann, hat das ja auch bei Krankenkassen, Lebensversicherungen u.a. große Auswirkungen. Dazu gibt es noch keine Regelungen und man kann mit Spannung auf erste Präzedenzfälle warten.

Was machen die Parteien?
Aktuell gibt es einen Antrag der Bundestagsfraktion von Bündnis 90/ Die Grünen, der die Situation intersexueller Menschen in Deutschland behandelt und auch die neuen Regelungen im Personenstandsgesetz berücksichtigt. Die Grünen hatten wohl eigentlich vorgehabt, einen interfraktionellen Antrag zu initiieren, aber das hat dann leider doch nicht geklappt. In den Bundestagsfraktionen hat ein solches Thema wohl doch kein ausreichendes Gewicht.

Wird da nicht einer kleinen Minderheit von Betroffenen sehr großer Raum gegeben?

Das ist bei den Menschenrechten ja oft so, dass man sich für bestimmte Minderheiten einsetzt. Es geht fast immer nur um Randgruppen. Die Mitglieder des UN-Ausschusses fragen oftmals gerade nach solchen »Randthemen«. Als Begründung wird dann genannt, dass man gerade an diesen »Randthemen« erkennen könne, wie »gut« (im Sinne der Kinderrechte) ein Staat eigentlich sei. Für Deutschland und die Umsetzung der UN-Kinderrechtskonvention gibt es mehrere solcher Themen, wie zum Beispiel die Situation von unbegleiteten minderjährigen Flüchtlingskindern. Die Prozentzahl darf dabei nicht entscheidend sein!

Wie steht es um die Informationen über Intersex in den Bildungseinrichtungen?

Da sieht es ganz übel aus! Wir haben dazu als National Coalition auch etwas in unserer Stellungnahme »Intersexualität und Kinderrechte« veröffentlicht. Grundlage war hier die Arbeit einer Studiengruppe an der Humboldt Universität Berlin. Die Studierenden haben darin eine Auswertung von aktuellen Biologiebüchern für den Unterricht in Berlin vorgenommen und sind dabei der Frage nachgegangen, wie »Geschlecht« darin erklärt wurde. Es ging also noch nicht einmal darum, ob das »Phänomen« Intersexualität Erwähnung fand, sondern lediglich darum, wie »Geschlecht« erklärt und dargestellt wurde. Als ich die Auswertung gelesen habe, da hab ich in unserer Geschäftsstelle ständig die Kolleg_innen in mein Büro eingeladen, um ihnen die Textpassagen vorzulesen, denn ich konnte es einfach nicht fassen, und hab so einige Leute zum Grübeln gebracht. Es war wirklich erschütternd, wenn da zum Beispiel für die gymnasiale Oberstufe in Biologie vom »Männchen«- und »Weibchen«-Schema gesprochen wurde, und der Geschlechtsakt einzig mit dem Ziel der Fortpflanzung erläutert wurde. Also das, was wir alle diskutieren, wenn es um Genderidentität geht, um sexuelle Orientierung und sexuelle Selbstbestimmung, das war höchstens in Ansätzen zu finden. Ich kann nur hoffen, dass viele Lehrer_innen das Thema nicht aus dem Lehrbuch, sondern mit anderen Materialien unterrichten. Als National Coalition haben wir uns jedenfalls vorgenommen, hier einmal auf die Kultusministerkonferenz zuzugehen, denn schließlich haben Kinder gemäß Artikel 17 der UN-Kinderrechtskonvention auch das Recht auf Zugang zu Informationen.

»Jede Frau braucht ihre Hoden, jeder Mann seine Eierstöcke«

Dr. Heinz-Jürgen Voß, Biologe

Wie wird das Geschlecht eines Menschen heute definiert?
Die Definitionen von Geschlecht sind heute genauso wenig wie früher
klar. Im alltäglichen Umgehen unter Menschen meinen wir alle, Geschlecht einfach »erkennen« zu können. Wir haben vielfältige Merkmale als geschlechtliche gelernt – und wenden unser erlerntes Wissen auf
Menschen an. Irren wir uns im Kindesalter, werden wir von betreuenden
Personen darauf hingewiesen, dass es sich bei einem Menschen beispielsweise nicht um eine Frau, sondern um einen Mann handele. Zwar wird
im populären Verständnis oft auf »natürliche Tatsachen« verwiesen –
aber im alltäglichen Umgang können wir Genitalien nicht sehen; Keimdrüsen und den Chromosomenbestand sehen wir ohnehin nicht.

Antworten bezüglich der Frage des Geschlechts bewegen sich oft im
Rahmen eines binären Musters: Es gebe »Frauen« und »Männer«. Dass
Geschlecht keineswegs klar in zwei Optionen zu trennen ist und dass jeder Mensch eine individuelle Geschlechtlichkeit ausbildet, ist dabei aus
dem Blick. Interessant ist, dass wir es alle besser wissen könnten: Denn
schon wenn wir auf die Straße gehen und uns dort die Menschen ansehen, wird uns klar, dass Menschen individuell unterschiedlich sind. Immerhin sind jetzt auch in der Bundesrepublik Deutschland Entwicklungen im Gang, dieser Vielfalt Rechnung zu tragen. Es erscheint nun
zunehmend nicht mehr als akzeptabel, Menschen mit Gewalt in die zwei
Schablonen »männlich« oder »weiblich« zu pressen. Individuelle Geschlechtlichkeit wird möglich und lebbar.

**Rütteln Sie nicht an der uns anerzogenen Einteilung in Weibchen und
Männchen?**
Selbstverständlich geht es darum, an dieser anerzogenen Einteilung zu
rütteln. Mit dieser Einteilung ist Gewalt verbunden, und sie entspricht
weder den Bedürfnissen der Menschen noch den neueren (und älteren)

wissenschaftlichen Beschreibungen. In der Biologie setzt sich zunehmend die Erkenntnis durch – schon in den 1920er und frühen 1930er Jahren war man dieser Auffassung –, dass sich geschlechtliche Merkmale keineswegs klar in zwei Kategorien scheiden lassen. Vielmehr kam und kommt man zu dem Ergebnis, dass jeder Mensch weiblich und männlich zugleich sei. Einerseits wird das für die Embryonalentwicklung beschrieben. Andererseits zeigt sich, dass sich beispielsweise weder Keimdrüsen noch Hormone klar in weibliche *oder* männliche Organe bzw. Wirkungen unterscheiden lassen. Salopp gesagt: Jede Frau braucht ihre Hoden, jeder Mann seine Eierstöcke. Das können wir im Folgenden gern auch vertiefen.

Sollte man denn die eindeutige Unterscheidung zwischen Mann und Frau langfristig aufheben?

Ich halte es für unbedingt notwendig, diese Einteilung aufzuheben, damit Menschen in der Bundesrepublik nicht mehr mit Gewalt auf eines von den zwei »anerkannten Modellen« – weiblich oder männlich – zugerichtet werden. Das Einpassen erfolgt mit Gewalt – mit mehr oder weniger drastischer. Aber warum wird sie angewandt? Gerade bezüglich Geschlechtlichkeiten gilt es zu einem toleranten und akzeptierenden Umgang zu gelangen – gleiches gilt für die Kämpfe gegen rassistische Diskriminierungen und Gewalt.

Warum? Könnte man dann von einem »fließenden« Geschlecht sprechen?

Mir geht es tatsächlich um die Vermeidung von Gewalt, die mit der psychischen und physischen Zurichtung der Menschen auf eines der zwei anerkannten Geschlechter-Modelle verbunden ist. Die geschlechtlichen Merkmale sind eben nicht so einfach, sondern die geschlechtliche Eindeutigkeit und Passförmigkeit der Menschen wird erst durch Sozialisationsprozesse und zum Teil sogar durch medizinische Behandlungen hergestellt. Einige Wissenschaftler_innen der Vergangenheit sprachen dabei von fließendem Geschlecht. So beschrieb der Zoologe und Genetiker Richard Goldschmidt eine »lückenlose Reihe von Zwischenstufen« bezüglich des Geschlechts. Bis Anfang der 1930er Jahre gingen zahlreiche Forschende in diese Richtung. Ich möchte eine etwas andere Perspektive anregen: Ich denke, dass die Polaritäten »weiblich« und »männlich« lediglich idealisierte Zuspitzungen sind, die zudem in der Eindeutigkeit erst mit der europäischen Moderne aufkommen. Als Ergebnis meiner Forschungen zeigt sich, dass es diese Polaritäten nicht gibt. Ich postuliere also nicht ein »Zwischenstufenmodell« oder einen »fließenden Übergang« zwischen zwei Möglichkeiten, sondern dass sich Geschlechtlichkeiten immer unterschiedlich ausprägen und wir gerade die Individualität zentral setzen sollten. Kein einziger Mensch wird bei allen Merkmalen dem entsprechen, was als »typisch weiblich« oder »typisch männlich« gilt.

Welche Wege könnten dahin führen?
Ich halte es mit Simone de Beauvoir, »Das andere Geschlecht«. Sie hält fest, dass aktuell Frauen Gewalt und Diskriminierungen erfahren und dagegen gekämpft werden muss. Das bedeutet aber nicht, so erläutert sie weiter, dass wir deshalb »weiblich« und »männlich« zu Ewigkeiten erklären müssten.

Also: Wir müssen mit vielen Schritten gegen die konkrete Gewalt vorgehen und dennoch im Blick haben, wie eine lebenswerte, eine gerechte Gesellschaft aussehen kann. Wichtige Schritte sind, dass Gewalt und Diskriminierung, die Frauen in der Gesellschaft der Bundesrepublik erleben müssen, bekämpft werden. Das muss mit geschlechterreflektierter Bildungsarbeit an Schulen, den wichtigen Unterstützungseinrichtungen wie Frauenhäusern und gesellschaftlichen Aktionsprogrammen erfolgen, andererseits mit der Beseitigung von Geschlechterdiskriminierungen im Recht.

Aus anderer Perspektive müssen Pathologisierungen und medizinische Vereindeutigungen angegangen werden. Dabei ist schon einiges passiert. So ist Homosexualität seit 1991 nicht mehr als »Krankheit« gelistet, bei Regelungen zu Transsexualität – etwa der Personenstandsänderung – darf mittlerweile auch in der Bundesrepublik nicht mehr gefordert werden, dass sich der Mensch sterilisieren muss, wie es das Transsexuellengesetz seit 1981 forderte. Als nächste Schritte gilt es hier die geschlechtszuweisenden Eingriffe, die sich gegen intergeschlechtliche Menschen richten, zu beenden und die medizinisch auf »Intersexualität« gerichteten pathologisierenden Diagnosegruppen aufzuheben. Gleiches gilt für Transsexualität: Auch sie darf nicht mehr als »Krankheit« gelistet sein. Davon ausgehend müssen wir uns erarbeiten, Menschen und ihre Merkmale *nicht* als »Störung« und »Abweichung« von einer Norm zu sehen, sondern solches Denken zu verlernen und stattdessen Menschen mit ihren spezifischen Merkmalen wertzuschätzen.

Das mag erst einmal nach einem längeren Programm klingen, aber dass es geht, wird schon dadurch deutlich, dass das heutige restriktive Zweigeschlechtersystem, das Menschen und ihre Verhaltensweisen klassifiziert, zurichtet, vereindeutigt, historisch neu ist. Was zeitlich einen Anfang hat, hat auch immer ein Ende – insofern bin ich zuversichtlich.

Welche Rolle spielen eigentlich die Hormone bei der Definition »weiblich/männlich«?

In der populären Vorstellung spielen sie eine große Rolle. Das wurde bei Studien aus den 1990er Jahren besonders deutlich. In einer Untersuchung hatten Menschen eine Substanz erhalten, wussten aber nicht welche. Sie sollten beschreiben, wie sie sich fühlten – und konnten keine Veränderungen feststellen. Die Substanz, die sie erhalten hatten, war Testosteron, ein als »männlich« betrachtetes Geschlechtshormon. Eine Vergleichsgruppe erhielt ein Placebo, also eine physiologisch unwirksame Substanz. Ihr wurde aber gesagt, dass es Testosteron sei. Und schon beschrieben sich die Teilnehmenden der Untersuchung als deutlich wütender und aggressiver. Insofern ist die Frage: Was ist tatsächliche Wirkung und was Wunsch? Tatsächlich erfüllen sowohl als weiblich betrachtete Geschlechtshormone (Östrogene) als auch als männlich betrachtete Geschlechtshormone (Androgene, u.a. Testosteron) bei allen Menschen wichtige Funktionen. So wirken Östrogene etwa bei der Ovulation, bei der Spermatogenese und bei der Knochenbildung. Auch der Biosyntheseweg von Androgenen und Östrogenen ist weitgehend identisch. Kurz gesagt: Die so genannten »Geschlechtshormone« sind besser als Wachstumshormone zu bezeichnen, weil sie vielfältige Funktionen im Organismus übernehmen. Und sowohl Androgene als auch Östrogene spielen bei allen Menschen wichtige Rollen.

Kann es sein, dass ein intersexueller Mensch, der keine Hormone nimmt, erkrankt?

Medizinisch behandelten intersexuellen – bzw. intergeschlechtlichen – Menschen wurden oft die Keimdrüsen entfernt, so dass das individuelle psychologische Gleichgewicht gebildeter Östrogene und Androgene gestört ist. Entsprechend ist es notwendig, dass Hormone eingenommen werden, weil es sonst unter anderem zu Problemen bei der Knochenbildung (Stichwort: Osteoporose, Knochenweiche) kommen kann. Dabei ist es allerdings notwendig, darauf zu achten, die Hormoneinnahme so einzustellen, dass sich der jeweilige Mensch individuell wohlfühlt. Hingegen war es in der Vergangenheit oft so, dass durch medizinische Eingriffe ein eindeutiges Geschlecht hergestellt werden sollte und sich auch die Hormongabe an der von der Mediziner_in erwarteten »verweiblichenden« oder alternativ »vermännlichenden« Wirkung orientierte. Ob das verabreichte Hormon dem Menschen gut tat und letztlich durch Umbildung des Hormons im Organismus ausreichende Mengen sowohl von Östrogenen als auch von Androgenen erreicht wurden, war nicht im Blick. Egal in welche Richtung: Ideologie darf nicht auf dem Rücken von Menschen ausgetragen werden. Deshalb sollten sich Hormongaben daran orientieren, dass es dem Menschen dabei gut geht. Im Blick sollte nur sein, dass sowohl Androgene als auch Östrogene bei allen Menschen wichtige Wirkungen entfalten – es also auf das individuelle physiologische Gleichgewicht ankommt. Das heißt auch, dass es selbstverständlich am besten ist, dass Keimdrüsen gar nicht erst entfernt werden. Die Keimdrüsen, die sich in der Embryonalentwicklung und weiterer Entwicklung des Menschen herausgebildet haben, bieten den individuell abgestimmten und »passenden« Mix an Hormonen.

Kann man sich auch bei der Einnahme von Testosteron weiblich fühlen? Oder umgekehrt?

Ich denke, dass wir uns die vielfältige Wirkung von Hormonen vor Augen führen sollten. Ohne Testosteron kämen Mädchen und Jungen und intergeschlechtliche Jugendliche nicht in die Pubertät. Bedeutung hat es gerade auch bei der Ausbildung von Arterien und von Muskelgewebe – bei Jungen, Mädchen, Intergeschlechtlichen. Damit erscheinen populäre

Erwartungshaltungen an Hormone – wie oben kurz ausgeführt – zweitrangig und weniger belastend und fordernd. Und ja, Mensch kann sich mit Testosteron weiblich fühlen.

Was kann man tun, um das Leben intersexueller Menschen zu verbessern?

Aktuell zentral ist, dass die medizinischen geschlechtszuweisenden Eingriffe bei nichtzustimmungsfähigen Minderjährigen eingestellt werden. Sie haben sich als äußerst problematisch erwiesen. Sie werden von den so behandelten Menschen oft als äußerst gewaltvoll und traumatisierend beschrieben. Auch die wissenschaftlichen Studien zu den Behandlungsergebnissen und zur Zufriedenheit der Behandelten decken diese Aussage. Im Regelfall ergaben sich schwere und schwerste Komplikationen, die wiederholte operative Eingriffe zur Folge haben, und an die Entfernung der Keimdrüsen schlossen und schließen sich dauerhafte Hormonersatztherapien an. Durch das Behandlungsprogramm wurden und werden noch immer Menschen erzeugt, die zeitlebens auf medizinische Hilfe angewiesen sind. Und dabei sind die Geschlechtszuweisungen gar nicht notwendig, um lebens- oder gesundheitsbedrohliche Zustände abzustellen! Da die Eingriffe so schwerwiegend sind, können sie nur durchgeführt werden, wenn ein Mensch in einem entscheidungsfähigen Alter sie selbst wünscht.

Von daher: Verbot der geschlechtszuweisenden Eingriffe bei nichtzustimmungsfähigen Minderjährigen. Darüber hinaus gilt es auf eine Gesellschaft hinzuarbeiten, die Individualität und Vielfältigkeit akzeptiert und wertschätzt.

»Queer?«

Arn Sauer, TransInterQueer

Können Sie auf die Unterschiede zwischen Inter- und Transgeschlechtlichkeit eingehen?
Wir vom TransInterQueer e.V. machen vor allen Dingen den Unterschied in Körperlichkeiten. Transgeschlechtlichkeit ist ein Empfinden, dass sich ein Mensch nicht seinem Geburtsgeschlecht zuordnen kann oder das Geschlecht, das ihr oder ihm bei der Geburt zugewiesen wurde, nicht als passend empfindet. Bei den Intersex-Menschen ist das eher eine Art von körperlicher Erscheinung, in den unterschiedlichsten Formen, die nicht in unser Zweigeschlechtersystem passen. Das muss nicht unbedingt sichtbar sein, aber es bezieht sich eben nicht nur auf die Gefühlsebene.
.

Was bedeutet »Queer« eigentlich?
Meines Erachtens gibt es »Queer« im weitesten Sinne des Wortes gar nicht. Man kann nicht queer sein, nur queer handeln. Natürlich bedeutet »queer« alles im Großen und Ganzen, was nicht Heteronormativität ist. Es handelt sich eigentlich um eine Negativdefinition. Sie wird von den meisten Menschen verkürzt als schwul-lesbisch verstanden. Wir hier bei TransInterQueer sehen das nicht so. Wenn jemand eine Geschlechtsidentität hat, die über die Zweigeschlechternorm hinausgeht, dann macht das natürlich auch etwas mit der Sexualität. Dann kann man ggf. nicht einfach nur schwul oder lesbisch sein, es eröffnet sich ein unendliches Spektrum. Solange das Wort allerdings dazu anregt, darüber nachzudenken, dass Heterosexualität und Mann und Frau nicht die einzig möglichen Lebensformen sind, sehe ich das schon einmal als etwas Positives. Aber die Begriffsvielfalt, die sich unter dem Wort »queer« versammelt, wird man nicht immer gut zusammen bekommen. Alle Leute, die Queertheorie lesen, wissen so ungefähr, was damit gemeint sein könnte, und der Rest muss und darf sich seine eigenen Füllungen finden, weil queer nie abgeschlossen ist.

Kann man von einer gewissen »Enttabuisierung« im Umgang mit »Queer« ausgehen?

Ja und nein, vor zehn Jahren hat es in Deutschland noch keine Bewegung gegeben. Wenn Sie von einer Sexualität ausgehen, die nicht nur hetero ist, dann handelt es sich hier ja schon um eine längere Emanzipationsbewegung, die einiges erreicht hat, aber man kann sich seiner Fortschritte nicht immer so sicher sein. Die Trans-Inter-Bewegungen fühlen sich allerdings nur begrenzt mit »queer« beschrieben.

Viele Intersex-Menschen reagieren da auch allergisch, weil sie sich selbstverständlich auch als Männer und Frauen fühlen. Ebenso auch Trans*, es gibt viele Männer und Frauen mit transsexueller Vergangenheit, die auch gerne heterosexuell leben und lieben. Daran ist nichts Verkehrtes.

Ich finde es nur bedenklich, wenn dann solche Menschen künstlich auf Distanz zu queer gehen. Wenn man schon einmal aufgrund von Körperlichkeiten oder Geschlechtsempfinden aus einem Raster heraus fällt, das heteronormativ geprägt ist, sollte man zumindest ein bisschen mehr Gelassenheit in Bezug auf verschiedene Sexualitäten entwickeln und sich gegenseitig unterstützen. Allerdings verstehe ich auch, dass die Lebenswege hier nicht so einfach sind. Trotzdem sollte man eine größere Offenheit bewahren, für alle möglichen Sexualitäten und Lebensformen.

Wie ist die Bewegung entstanden?

Es gibt ja noch keine offizielle Geschichtsschreibung der einzelnen Bewegungen. Ich bin in der Trans-Bewegung schon seit dem Jahr 2000 engagiert, da gab es die ersten Anfragen im Bundestag von Christian Schenk. Eine richtige Bewegung existierte aber noch nicht. Es haben sich allerdings schon Ende der 1980er erste öffentliche Selbsthilfegruppen zusammengetan, allerdings eher so auf »Stammtischebene«. Private Selbsthilfe gab es schon immer. Für »Inter« gab es eigentlich gar nichts. Erst um 2005 haben sich dann die ersten Vereine gegründet, TransInterQueer seit 2006, Intersexuelle Menschen e.V. und die XY-Frauen schon 2004. Seitdem hat sich innerhalb der Bewegung eine Vielfalt entwickeln können, die gesellschaftliche Emanzipationsprozesse angestoßen hat. Die Bewegung hat auch viel der reziproken Theorieproduktion in den

Gender Studies zu verdanken, so z.b. an den Unis. Auch Überschneidungen mit der Lesben- und Schwulen-Bewegung gibt es.

Existiert in unserer Gesellschaft nur die Möglichkeit, als Mann oder Frau glücklich zu werden?
Nein! Bei TransInterQueer geht es weniger um ein drittes Geschlecht, sondern um eine Vielfalt von ganz vielen geschlechtlichen Ausdrucksmöglichkeiten. Es geht um einen Fluss, etwas Fließendes. Wenn ich mich heute so fühle, so heißt das nicht, dass ich mich morgen nicht ganz anders fühlen kann. Es geht darum, dass Geschlecht wandelbar ist, kein starres Konstrukt sein muss, das einen ein Leben lang begleitet. Für die meisten ist das schon so, wahrscheinlich, aber für manche eben nicht. Es gibt eine Vielfalt von Geschlecht, diese Vielfalt wird gemeinhin als das »Dritte Geschlecht« irgendwie zusammengefasst. Aber wenn man die anderen beiden Geschlechter anguckt, so gibt es da auch eine Vielfalt, die werden auch genauso normiert. Es sind immer Zwangsstrukturen, in die wir uns alle pressen müssen.

Wie können wir uns von diesen Zwangsstrukturen befreien?
Unser Ansatz wäre idealerweise, dass wir »Geschlecht« nicht mehr als ordnungsstiftende Kategorie ansehen. Da werden wir uns aber mit vielen heterosexuellen und auch schwulen und lesbischen Männern und Frauen nicht einig, die brauchen Geschlecht für ihr eigenes Begehren.

Wenn man eine offene, queere Begehrstruktur hätte, dann wäre Geschlecht eigentlich sekundär, dann wäre man an dem Menschen interessiert, natürlich auch an Körperlichkeiten, aber man würde sie nicht so in ein bestimmtes Schemata einordnen wollen und mit normierenden Bedeutungen und Wertigkeiten versehen.

»Warum sollte die Frage der Geschlechtszuweisung
den Mediziner_innen überlassen sein?«

Dr. Ulrike Klöppel, Psychologin

Sie haben sich ausführlich mit der Geschichte des medizinischen Umgangs mit Hermaphroditen beschäftigt. Was war die wichtigste Erkenntnis?
Das Wichtigste war für mich zu sehen, wie sehr sich die Medizin in einem Bereich Zutritt verschafft und Macht bekommen hat, der eigentlich erst einmal ein sozialer ist. Die Frage nämlich, welchem Geschlecht Menschen zugeordnet werden, war über Jahrhunderte hinweg eine soziale. Dann mischt sich auf einmal die Medizin ein und macht daraus eine scheinbar naturwissenschaftliche Angelegenheit.

Die Medizin beginnt um das 17. Jahrhundert herum das Recht für sich zu reklamieren, dass sie über die Geschlechtszuweisung von Hermaphroditen entscheidet und nicht Hebammen oder die Eltern. Der Witz dabei ist, dass Ärzt_innen damals so gut wie keine Hermaphroditen im Kindesalter geschweige denn als Babys zu Gesicht bekommen haben. Die Behauptung, dass nur die Medizin das Geschlecht festlegen kann, ist also erst einmal eine rein theoretische. Trotzdem versucht die Medizin, für sich einen weiteren Aufgabenbereich zu etablieren, die Hebammen und die Eltern in ihren Kompetenzen zurückzudrängen. Im 18. Jahrhundert versucht die Medizin, die bis dahin keinen guten Stand in der Gesellschaft hat, sich zu professionalisieren. Es ist interessant, dass es damals nicht selbstverständlich war, so wie für uns heute, dass der Medizin die Kompetenz zukam, das Geschlecht zu bestimmen. Daraus war für mich ableitbar, auch als politische Forderung, dass man die medizinische Definitionsmacht hinterfragen muss. Die eigentlichen Experten_innen sind nämlich die Betroffenen, und ihnen muss Entscheidungsmacht über ihr Leben zurückgegeben werden.

Wie kann das geschehen?

Indem man mit der Geschlechtszuweisung solange abwartet, bis die Menschen selber entscheiden können und wollen. Gerade eine Gesellschaft heute kann es doch wohl vertragen, den Geschlechtseintrag einfach offen zu lassen. Das sollte nun nicht nur den intergeschlechtlichen Menschen offen stehen, sondern auch Trans* und überhaupt allen Menschen. Warum sollten Intersexuellen die Entscheidung offen stehen, zu welchem Geschlecht sie sich zurechnen wollen, und nicht auch Trans*? Weiterhin zu sagen, das sei eine medizinische Frage, also die Medizin entscheidet: Du darfst wählen, aber du da, du darfst nicht wählen, läuft auf Diskriminierung hinaus. Es heißt daher radikal zu hinterfragen, wie in unserer Gesellschaft überhaupt Geschlecht festgelegt wird. Es ist also ganz wichtig, die medizinische Definitionsmacht grundsätzlich zu hinterfragen.

Und wie wird nun Geschlecht festgelegt?
Meine Forschungen haben mir gezeigt, wie variabel, das, was Geschlecht ausmacht, von der Medizin verhandelt wird. Es ist eben nicht so, wie gerne geglaubt wird, dass Geschlecht an unumstößlichen Merkmalen von den medizinischen Expert_innen eindeutig entschieden werden könnte. So sind auch nicht die Gonaden immer eindeutig Hoden *oder* Eierstöcke oder die Geschlechtschromosomen immer entweder XX *oder* XY. Daher gibt es darüber, wie das Geschlecht festgelegt werden soll, unterschiedliche Auffassungen in der Medizin und Biologie. Die verschiedenen Versuche von medizinischen Autoritäten, hier eindeutige Definitionen zu kreieren, hatten bisher in der Geschichte nie lange Bestand. Warum also sollte die Frage der Geschlechtszuweisung der Medizin überlassen werden, die, um ein wenig zuzuspitzen, auch bloß willkürliche Festlegungen zu bieten hat?

Wie weit verstehen Sie Intersexualität als Krankheit?
Intersexualität ist aus meiner Sicht überhaupt keine Frage von Krankheit. Nur weil die Gesellschaft glaubt, es gäbe nur Männer und Frauen, sind doch nicht diejenigen, die in diese Sicht nicht passen, krank! Intergeschlechtliche Menschen sind nicht krank, sondern diskriminiert von einer Gesellschaft, die ihnen ein starres binäres soziales Ordnungssystem von Geschlecht aufzwingt.

Was kann man machen, um die Situation intersexueller Menschen zu verbessern?

Vor allem sollte die Operationsgewohnheit hinterfragt werden. Das heißt vor allen Dingen, dass alle Professionellen, die rund um die Geburt tätig sind – das sind ja nicht nur Ärzt_innen, dass die selber auch einen Bewusstseinprozess in Gang setzen müssen, dass sie nicht jedes Mal in Panik verfallen, wenn ein intergeschlechtliches Kind geboren wird, sondern mit der Vorstellung rangehen, dass es lebbar ist, geschlechtlich anders zu sein. Die Behauptung, die Geburt eines intergeschlechtlichen Kindes sei quasi ein natürlicher Schock, auch für Profis, und ein tragisches Schicksal für die Familie, halte ich für völlig unangemessen. Stattdessen müssen Profis und Eltern ihre festgefahrenen Vorstellungen davon hinterfragen, was ein lebbares und glückliches Leben ausmacht; sind etwa nur die Menschen glücklich, die ideale männliche bzw. weibliche Körper haben, verheiratet sind und Kinder kriegen? Den Gegenbeweis sehen wir doch täglich. Daher sollten sie ihre normativen Vorstellungen aufgeben und eine positive Idee davon entwickeln, wie ein Leben jenseits von zwei Geschlechtern lebbar sein könnte. Dafür gibt es genügend Ansätze, besonders in einer Stadt wie Berlin! Die Stadt ist voll mit Menschen, die geschlechtliche und sexuelle Vielfalt leben und nicht eindeutig sein können oder wollen – die von der Sichtbarkeit her bis hin zur Selbstdefinition nicht eindeutig männlich oder weiblich eingeordnet werden können.

Das ist sicherlich ein Ansatz, um den Operationsdruck bei der Geburt eines intergeschlechtlichen Kindes herauszunehmen. Aber darauf zu warten, reicht in der derzeitigen Situation nicht. Es braucht vielmehr ein Verbot der Operationen im Kindesalter. Bis zum Alter von zwölf Jahren sollte grundsätzlich nicht operiert werden. Auf diese Art kann man auch den Eltern die Entscheidungslast nehmen, darunter können sie nämlich sehr leiden, viele sagen, dass sie sich völlig überfordert und hilflos fühlen. Im Alter von zwölf oder 14 Jahren kann das Kind dann, wenn gesichert ist, dass es die möglichen Operationsfolgen und die Alternativen überblickt und versteht, selbst bestimmen und gegebenenfalls auch in Operationen einwilligen.

»Was ist aus den vielen Operierten wohl geworden?«
Dr. Jörg Woweries, Kinderarzt im Ruhestand

Warum setzen Sie sich so vehement für die Rechte intersexueller Kinder ein?
Ich war Arzt in einer großen Kinderklinik und habe sehr viele Erstuntersuchungen durchgeführt. Da habe ich natürlich auch einige Kleinkinder untersucht, deren Genital nicht der Norm entsprach, so wie man damals sagte. Ich habe auch die ersten Gespräche mit den Eltern geführt. Wir haben ein Konsilium gebildet, mit einem Kinderchirurgen und einem Endokrinologen, und fast immer, der damaligen Einstellung entsprechend, wurde dann operiert.

Nach der Operation habe ich dann nicht mehr mit den Eltern gesprochen. Auch nicht mehr sprechen können, da ich natürlich alle Hände voll zu tun hatte. Erst nachdem ich in Rente ging, hab ich mich gefragt: »Was ist eigentlich aus den Kindern geworden? Wie leben die jetzt nach so vielen Jahren?« In der Uniklinik bekam ich die Antwort: Denen geht es gut. Als ich dann nach den Unterlagen, nach Forschungsberichten, eventuellen Doktorarbeiten fragte, habe ich erfahren, dass es praktisch überhaupt keine Berichte oder Nachuntersuchungen gab. Das war für mich der Anlass, genauer nachzufragen. Es blieb dabei, da war nichts nachzulesen. Vielleicht hat einmal ein Chirurg bei zehn Kindern geschrieben, wie die Operationswunde aussah, aber andere Berichte gab es nicht. Mich hat das Thema aber nicht mehr losgelassen und ich wollte mehr über das Schicksal der vor zehn oder zwanzig Jahren operierten Kinder wissen.

Ich hab dann von einem Kongress in Lübeck gehört, dem ersten Kongress zur Intersexualität, 2005, den es überhaupt gab. Wenn ich an meine Fälle aus der Kardiologie oder der Nephrologie denke, da gab es an die hunderte Kongresse, aber zur Intersexualität war das im Laufe von Jahrzehnten der erste.

Aber auch auf diesem Kongress wurde das Schicksal der Kinder nach Jahrzehnten nicht behandelt, über den Kern der Sache, über das persönliche Schicksal der Operierten habe ich nichts erfahren. Die allerersten Berichte nach an die dreißig Jahren wurden 2007 veröffentlicht, die waren dann im Internet zugänglich. Was ich da gelesen habe, das war einfach schrecklich. Die Rate an Operationsrisiken bei Genitaloperationen war sehr hoch, viel war zu lesen über Zerstörung der Sensibilität, des Empfindens in einem hochgradig sensiblen Gebiet. Es wurde berichtet über eine gewaltige Anzahl misslungener Operationen. Damals kam ich zu der Ansicht, dass allein wegen der großen Zahl von Schäden und wegen des hohen Risikos man überhaupt nicht operieren darf. Ich hab mich gefragt, warum machen Ärzte eigentlich solche Operationen, was ist der Anlass? Ich bin bei meinen Recherchen dann natürlich auf Dr. Money gestoßen, der ja die Ansicht vertrat, dass, wenn man ein Kleinkind bis im Alter von etwa zwei Jahren in der weiblichen oder männlichen Rolle erzieht, dann wird es auch diese Rolle annehmen. Diese Theorie ist nie bestätigt worden. Es hat nie Versuche gegeben, das kritisch zu bewerten. Wenn ein Arzt bei seinem Patienten einen Makel findet, der vielleicht anstößig ist – gerade bei den Genitalien, die ja eine ganz besondere Region sind, dann hat er in der Regel gesagt: »Ich kann das ausgleichen, ich kann den Makel wegoperieren, ich kann das äußerlich angleichen«. Da es sich um einen Makel handelt, dürfen weder die Ärzte noch die Eltern mit ihren Mitmenschen darüber sprechen. Aus der Literatur, aus den Internetforen sind mir auch Fälle bekannt, dass Erwachsene nicht wussten, dass sie in ihrer frühen Kindheit operiert wurden. Zur Behandlung mit dazu gehörte also ein Schweigesystem. Dieses Schweigesystem hat zur Folge, dass heute auch die breite Öffentlichkeit von diesem Thema nichts oder fast nichts weiß.

Sehen Sie denn heute einen Wandel im Umgang mit intersexuellen Menschen?
Einige wenige Intersexuelle, die in der Öffentlichkeit auftreten, haben in den letzten fünf Jahren immer wieder auf dieses Thema hingewiesen. Drei erfolgreiche Klagen von Seiten intersexueller Menschen vor dem UNO-Menschengerichtshof führten sogar dazu, dass die deutsche Bundesregierung sich mit dem Thema beschäftigen musste. Der deutsche Bundestag, der ja auch wie die Öffentlichkeit nichts vom Thema wuss-

te, hat dann gesagt: »Das sollen mal andere machen« und den Ethikrat zu einer Stellungnahme aufgefordert. Der hat sich mühsam in das Thema eingearbeitet und 2012 eine Stellungnahme veröffentlicht, mit dieser Stellungnahme beschäftigt sich jetzt das Parlament. Also es tut sich schon so einiges.

Sind denn Mediziner, die die hergebrachten Vorgehensweisen in Frage stellen, Zwängen ausgesetzt?
Ich kenne nur wenige Mediziner_innen, die von den früheren Operationen Abstand nehmen, weil sie heute sehen, wohin die Operationen bei ihren früher behandelten Patient_innen geführt haben. Leider gibt es bis heute unter den Mediziner_innen keinen Konsens darüber, vom frühkindlichen Operationsverfahren abzusehen. Natürlich muss man auch beachten – das kam im Diskurs beim Ethikrat auch zur Sprache –, unter welchen finanziellen Zwängen die Ärzt_innen stehen. An Operationen lässt sich auch verdienen, diesen Aspekt sollte man nicht vergessen.

Ist eine Welt ohne Geschlechtszuweisung denn eine Utopie?
Schwierige Frage. Ich denke, wir brauchen eigentlich zwei Geschlechter. Die Frage ist nur, muss das ganz rigide durchgezogen werden? Ich hab darüber viel nachgedacht, wir reden immer von einem binären, einem dichotomen Modell – dichotom heisst ja: zerschneiden. Wenn ich die Geschlechter zerschneide, dann ist da nichts mehr dazwischen. Mit anderen Worten: ja oder nein. Alles oder nichts.
   Genau das ist mit den intersexuellen Menschen passiert: dichotom – zerschneiden. Damit die Kinder sich nicht daran erinnern, nahm man kleine Kinder. In den Foren der Betroffenen kann man lesen, dass sie sich selbst eher als Monster, als Freaks sehen. Die Ärzte reden – diplomatisch verschleiernd – von Makel. Zunächst hat man es den Kindern angedichtet, weil ihr Genital nicht dem normalen Aussehen entsprach. Später sehen sie sich selbst als Opfer einer Genitalverstümmelung. Sie schreiben über ihre Gefühle, Wut und Hass, noch Jahrzehnte lang, es ist ein schweres psychisches Trauma. Gerade am Beispiel der Intersexualität wird der Irrsinn dieser Konstruktion – der Konstruktion von *ja oder nein* deutlich. Einerseits wird definiert, dass es nichts dazwischen gibt.

Andererseits wird Personen, die ihre eigene Geschlechtsidentität – von niemand angezweifelt – in der »Mitte« finden, die von ihnen selbst gewünschte Eintragung im Geburten-Register als »Zwitter« verweigert. Sie werden willkürlich und zwangsweise einer Seite als männlich oder – wegen der einfacheren chirurgischen Technik – meist weiblich zugeordnet. Das führt dazu, dass das Geschlecht im Geburtenregister kontrafaktisch, falsch, eingetragen wird. Natürlich herrscht in der Allgemeinheit ein starker Erwartungsdruck vor, sich für entweder männlich oder weiblich zu entscheiden, und natürlich haben die allermeisten Menschen keinen Zweifel an ihrer eigenen Zuordnung. Das ist selbstverständlich vollkommen in Ordnung. Die Eltern eines intersexuellen Kindes können ein Erziehungsgeschlecht für das Kind wählen, sie können auch das Kinderzimmer rot oder blau bestrahlen. Aber danach sollten sie geduldig abwarten, wie das Kind sich selbst – später – für sich entscheidet.

Aber all das kann nicht als Beweis angesehen werden, dass das dichotome oder binäre Modell sich auch wissenschaftlich, rationell begründen lässt. Ich habe nach längerem Nachdenken ein anderes Wort gewählt: Heute rede ich vom polaren System. Das ist wie bei der Erde zu verstehen, an den Polen ist eigentlich gar nichts, aber dazwischen spielt sich alles ab. Wo wir dazwischen stehen, das gehört praktisch zur Natur.

Wir sehen Frauen, die mal mehr, mal weniger sogenannte »weibliche« Eigenschaften haben. Wir haben auf der anderen Seite Männer, die hart sind oder auch weich. Unsere Eigenschaften sind weit gestreut, wir leben alle irgendwo dazwischen. Wir leben alle auf dem Kontinuum zwischen den beiden Polen, die praktisch leer sind. Das bedeutet dann: viel oder wenig, das sollte das Prinzip sein. Dann ist es vollkommen egal, wer wo steht, die Intersexuellen haben auch irgendwo dazwischen ihren Platz. Da können sie leben. Wir dürfen nicht wieder zu dem alten System zurückkehren und sagen, dass sie unbedingt äußerlich an den Genitalien operiert werden müssen, damit sie hundertprozentig zu einem Geschlecht – was ja so nicht existiert – passen.

Ist denn Intersexualität für Sie eine Krankheit?
Ich bin in dem medizinischen System aufgewachsen, wer zu mir kommt als Mensch, der ist Patient, alles was er als Patient dann vorbringt, ist

dann normal oder nicht normal bzw. krank, aber das ist ein völlig falsches Vorgehen. Intersexuelle sind nicht krank. Sie haben körperliche Abweichungen, die sind anders, damit kann man auch umgehen. Jedenfalls sind sie selber dazu in der Lage.

Bei nur ganz wenigen muss operiert werden, wenn zum Beispiel der Urin nicht richtig ablaufen kann oder bei einem lebensbedrohlichen Hormonmangel.

Was sollte man heute und jetzt tun, um das Leben intersexueller Menschen zu verbessern?
Eine ganz wichtige, zeitlich drängende Angelegenheit ist, dass die Operationen an Kleinkindern eingestellt werden. Darüber sind sich alle intersexuellen Menschen, mit denen ich geredet habe, einig.

Das zweite ist, dass natürlich auch Probleme auftauchen, wenn ein Mensch wirklich zwischen den Geschlechtern ist. Der wird vielleicht nach der Pubertät Probleme haben. Da müsste eine Psychotherapie, eine Psycholog_in beratend tätig sein. Die auf diesem Gebiet ausgebildeten Therapeut_innen sind noch viel zu wenige, da muss sich einiges tun.

Ein drittes: Die Selbsthilfegruppen wurden bisher finanziell überhaupt nicht unterstützt. Das muss geändert werden, finanziell müssen die Selbsthilfegruppen auf lange Jahre gestützt werden, auch mit dem Ziel, Betroffenen beratend zur Seite zu stehen.

»Du bist willkommen in deiner Andersartigkeit«

Dr. Michael Wunder, Psychotherapeut

Was hat den deutschen Ethikrat dazu veranlasst, sich des Themas Intersexualität anzunehmen?

Der Auslöser war auf jeden Fall die Aktivität der Betroffenen. Der Verein »Intersexuelle Menschen e.V.« hatte 2008 einen Bericht an den UN-Ausschuss zur »Überwachung des internationalen Abkommens zur Beseitigung jeder Form der Diskriminierung der Frau«, CEDAW, verfasst, in dem er über die Verstöße gegen grundlegende Verpflichtungen der Konvention bezüglich intersexueller Menschen berichtete und Fragen und Empfehlungen zur Vermeidung und Behebung solcher Verstöße entwickelte. Aufgrund dieses Berichts forderte die CEDAW die deutsche Bundesregierung 2009 auf, in einen Dialog mit den intersexuellen Menschen zu treten und wirksame Maßnahmen zum Schutz ihrer Menschenrechte zu ergreifen. Diesen Auftrag gab die Bundesregierung, genauer gesagt, die Bundesministerien für Gesundheit und für Wissenschaft und Forschung an den Deutschen Ethikrat weiter, der allerdings seinerseits schon auf eine Vorgeschichte zu diesem Thema zurückblicken konnte. Betroffene, u.a. auch wieder der Verein »Intersexuelle Menschen e.V.«, hatten sich im Vorfeld bereits an den Ethikrat gewandt und um Befassung mit der Thematik gebeten. In diesem Zusammenhang hatte der Ethikrat ein Bioethikforum zum Thema »Intersexualität in Berlin« durchgeführt, eine große öffentliche Veranstaltung, auf der Betroffene und Wissenschaftler zu Wort kamen und die brennenden und im Zentrum stehenden Fragen diskutierten.

Der Auftrag der Bundesregierung umfasste zum einen den offenen gesellschaftlichen Dialog mit den Betroffenen und die Erstellung einer Stellungnahme mit entsprechenden Handlungsempfehlungen für die Politik. Um dieses nicht gerade bescheidene Ziel zu erreichen, führte der Ethikrat eine online durchgeführte Befragung von Betroffenen durch – die Beteiligung lag hier bei rund zweihundert Personen –, veranstaltete eine öffentliche Anhörung im Juni 2011, führte einen acht-wöchigen moderierten Online-Diskurs durch, in dem sich viele Betroffene und Wissenschaftler_innen, aber auch ganz normale Bürger_innen zu Wort gemeldet haben, und eine systematische Befragung von über vierzig Wissenschaftler_innen aus Medizin, Recht, Psychologie, Ethik und Philosophie. Der Anspruch war der, alle mit den Fragen der Intersexualität Beschäftigten und Betroffenen zusammen zu holen und in einen Diskurs zu bringen.

Was sind die Hauptforderungen und auf welche Kritik sind sie gestoßen?

Die Hauptempfehlungen des Deutschen Ethikrates betreffen die medizinischen Eingriffe und das Personenstandsrecht. Der Ethikrat bewertet irreversible medizinische Maßnahmen, die bei uneindeutiger Geschlechtlichkeit eine Zuordnung zu dem einen oder anderen Geschlecht herstellen, als einen Eingriff in das Recht auf körperliche Unversehrtheit und auf Wahrung der geschlechtlichen und sexuellen Identität, so dass darüber nur der entscheidungsfähige Mensch entscheiden kann. Solche geschlechtszuordnenden medizinischen, meist chirurgischen Eingriffe an nicht einwilligungsfähigen Menschen, also insbesondere an Minderjährigen, lehnt der Ethikrat ab. Ausnahmen hiervon können lediglich medizinische Notfälle sein, wie z.B. die Abwehr einer nachgewiesenen schwerwiegenden Gefahr durch ein erhöhtes Tumorrisiko. Diese Empfehlung hat dem Ethikrat eine Reihe von Kritiken eingebracht, da konservativ eingestellte Mediziner_innen, aber auch Angehörige immer wieder dagegen setzen, dass bei einem Kind eine Eindeutigkeit gegeben sein muss und eine offenlassende Erziehung, wie sie der Ethikrat natürlich als logische Konsequenz dieser Grundsatzempfehlung einfordert, gar nicht möglich sei. Dazu muss man sagen, dass die Erfahrungen, die uns von manchen Betroffenen, auch Angehörigen von Betroffenen berichtet wurden, das Gegenteil belegen. Eine offenlassende Erziehung, in der nicht nur die Körperlichkeit des Kindes und Heranwachsenden unversehrt, sondern auch die Entscheidung der Geschlechtszuordnung offen gelassen wird, was nicht heißt, dass nicht doch eine jeweils vorübergehende Zuordnung zu einem Erziehungsgeschlecht erfolgen kann, ist machbar, ist sogar mit viel Kreativität und Lust am Leben gut lebbar.

Im Bereich der medizinischen Empfehlung gibt es noch eine andere Aussage des Ethikrats, die besagt, dass bei geschlechtsvereindeutigenden Eingriffen auch im noch nicht entscheidungsfähigen Alter medizinische Eingriffe durch Elternentscheid unter bestimmten Bedingungen unverboten bleiben sollen. Diese Aussage bezieht sich auf Menschen, die sich selber gar nicht als intersexuell bezeichnen, also auf Menschen, die beispielsweise eindeutige, dem weiblichen Geschlecht zugehörende innere und äußere Geschlechtsmerkmale haben, bei denen aber durch eine biochemisch-hormonelle Fehlfunktion eine Vermännlichung droht (wie es in vielen Fällen des sogenannten adrenogenitalen Syndroms der Fall ist).

Diese Empfehlung des Ethikrates bindet diese Eingriffe zwar an umfassende Abwägungen des Kindeswohls, an die weitest mögliche Beteiligung des Kindes und an den Verweis auf das Familiengericht, welches im Falle eines Dissens' zwischen Kindeswunsch und Elternwunsch entscheiden muss.

Auf der anderen Seite hat sich der Ethikrat damit aber den Vorwurf eingehandelt, hier doch Eingriffe wie bei den geschlechtszuordnenden Operationen im Kindesalter zuzulassen, die zwar eine geringere Eingriffstiefe aufweisen, dennoch aber grundrechtsverletzenden Charakter haben, nicht evidenzbasiert sind und bei denen das jeweilige Ergebnis in keiner Weise bisher wissenschaftlich überprüft ist. So könne man beispielsweise nicht sicher und überprüfbar behaupten, dass durch eine frühkindliche Klitorisresektion die sexuelle Empfindungsfähigkeit voll erhalten bleibe. Ich persönlich akzeptiere diese kritischen Einwände sehr und glaube, dass die Stellungnahme des Ethikrats in die richtige Richtung weist, aber gerade an dieser Stelle eben auch nur ein Schritt in einer größeren prozessualen Entwicklung ist, in der die Medizin immer selbstkritischer und bescheidener auftritt und Eltern in solchen Situationen immer seltener oder vielleicht gar nicht mehr eine Operationsempfehlung geben wird. Letztendlich – und das war auch mein Beweggrund, dieser Empfehlung des Ethikrates zuzustimmen – glaube ich aber eben nicht, dass man diese Entwicklung mit gesetzlichen Verboten und strafrechtlichen Sanktionen gegenüber Eltern, die solche Entscheidungen doch im Sinne des für das Beste für ihr Kind Gehaltenen treffen, befördern kann.

Der zweite große Bereich der Empfehlungen betrifft das Personenstandsrecht. Hier empfiehlt der Ethikrat, dass Menschen mit einem uneindeutigen Geschlecht die Möglichkeit erhalten sollen, eine Kategorie »anderes« zu wählen und dass gleichzeitig für den Geschlechtseintrag des Neugeborenen ein langer Zeitraum der Nichtentscheidung eingeführt wird, sodass letztendlich ein Geschlechtseintrag erst im Erwachsenenalter erfolgen muss. Diese beiden Empfehlungen waren und sind natürlich hoch umstritten. Die Einführung einer dritten Kategorie, die man beispielsweise »anderes« benennen könnte, wäre so etwas wie eine kleine kulturelle Revolution: Deshalb ist sie wohl auch bisher von keinem gesetzgebenden Organ erfolgreich aufgegriffen worden.

Weitere wichtige Empfehlungen des Ethikrats betreffen die Einrichtung von Kompetenzzentren, die multiprofessionell besetzt sind und Angehörige, aber vor allem natürlich auch Betroffene beraten sollen, sowie ein enges Netz von Beratungsstellen, in denen nach dem Peer-Prinzip Betroffene (auch betroffene Angehörige) andere Betroffene beraten sollen. Weitere Empfehlungen betreffen Fragen der Aufbewahrungsfrist von Akten, die Verlängerung der Verjährungsfristen und die Einrichtung eines Hilfsfonds für Opfer früherer Operationen. Diese Forderungen heben darauf ab, dass es eine Reihe von Betroffenen gibt, die Opfer früherer operativer Eingriffe sind und dringend der Anerkennung und der Hilfe bedürfen. Hinzu kommen Empfehlungen zur Unterstützung der Selbsthilfegruppen und zur Begleitforschung, da in vielen Bereichen von Intersexualität bis heute evidenzbasierte Ergebnisse fehlen.

Sehen Sie alle Forderungen des Ethikrates verwirklicht? Gab es auch Forderungen innerhalb des Ethikrates, die nach Diskussion nicht in die Stellungnahme eingeflossen sind?
Leider kann man die Frage nach der Verwirklichung unserer Empfehlungen nur umgekehrt beantworten, welche der vielen Empfehlungen nämlich bisher überhaupt Beachtung gefunden haben. Dies ist die Empfehlung, den Geschlechtseintrag eines Neugeborenen bei geschlechtlicher Uneindeutigkeit offen lassen zu können. Allerdings sieht die gerade beschlossene Gesetzesregelung zu diesem Punkt bedauerlicherweise vor, dass bei Uneindeutigkeit der Geschlechtseintrag entfallen muss. Ich

halte diese Umsetzung im Grunde genommen für schlimmer, als wenn gar nichts passiert wäre, weil auch schon bisher ein Offenlassen möglich war, zumindest im Ermessen der jeweiligen Standesämter lag. Die jetzige Mussbestimmung halte ich aber für eine neue Art der Diskriminierung, die eine dritte unbestimmbare Gruppe schafft, ohne nach deren bzw. dem elterlichen Selbstverständnis oder der jeweiligen Selbstwahrnehmung zu fragen. Der Deutsche Ethikrat hat explizit eine Wählbarkeit, also eine Freiwilligkeit angemahnt, die in diesem Bereich aufgrund der vielfältigen Unterformen abweichender sexueller Entwicklung und der jeweils sehr verschiedenen persönlichen Situationen auch indiziert ist.

Alle anderen Forderungen des Ethikrates, egal ob es sich um die interdisziplinären Zentren handelt oder die Ablehnung geschlechtszuweisender operativer Eingriffe oder die Förderung von Selbsthilfegruppen, sind bisher leider weder beim Gesetzgeber noch bei den entsprechenden Organen der Ärzteschaft erkennbar einer Realisierung näher gekommen. Die größten Chancen räume ich in Zukunft aber noch der Forderung nach einer dritten Kategorie ein. Diese kostet den Gesetzgeber immerhin keinen einzigen Euro. Andererseits wäre sie ein gutes Symbol für eine offene und die individuellen Persönlichkeitsrechte des Einzelnen achtende moderne Gesellschaft.

Bezüglich der Verhinderung von operativen und anderen medizinischen Eingriffen im nichteinwilligungsfähigen Alter hoffe ich auf eine langsame, aber nachhaltige Veränderung der Normen innerhalb der Medizin und auch der Gesellschaft insgesamt. Hier schöpfe ich meine Hoffnung vor allen Dingen aus den jetzt doch sehr viel stärker in der Öffentlichkeit geführten Diskussionen zu diesem Thema, die ja immer am Anfang umwälzender Prozesse in der Gesellschaft stehen.

Forderungen innerhalb des Ethikrates, die nicht beachtet oder weiter verfolgt wurden, gab es sicherlich. Eine dieser Kontroversen ist auch an dem Empfehlungskatalog, der veröffentlicht worden ist, deutlich. Dort votiert nur eine Minderheit dafür, dass zukünftig Menschen, die die Kategorie »anderes« angewählt haben, die Wahl zwischen der eingetragenen Partnerschaft oder der Ehe haben sollen. Aber die Mehrheit votiert dafür, das Statut der Ehe diesem Kreis vorzuenthalten. Ich bedaure dieses Mehrheitsvotum außerordentlich, halte es auch faktisch für völlig undurchführbar. Was sollte passieren, wenn ein Betroffener, sich für die Kategorie »anderes« entschieden hat, aber bereits in einer Ehe lebt? Natürlich könnte man sagen, die Ehe bleibt unter diesen Voraussetzungen, weil sie vorher geschlossen worden ist, erhalten. Dies wäre auch parallel zur Gesetzgebung im Bereich der Transsexualität denkbar, auf der anderen Seite würden dann zwei Kategorien von Intersexuellen mit der Kategorie »anderes« geschaffen, was auf die Dauer gesellschaftlich, glaube ich, kaum tragfähig ist.

Wird Intersexualität von der Gesellschaft heute anders wahrgenommen und sehen Sie eine Verbesserung der Lebenssituation intersexueller Menschen im Verlauf der letzten Jahre?
Ich glaube, dass Betroffene hierzu eine bessere und validere Antwort geben können als ich. Nach meinem Eindruck kann ich nur sagen, dass die häufigere öffentliche Diskussion oder Berichterstattung über das Thema doch ein großer Fortschritt ist und sich bei Menschen wie mir natürlich mit der Hoffnung verbindet, dass sich dadurch auch die Lebenssituation der betroffenen Menschen verbessert. Ob aber tatsächlich diskriminierende Erlebnisse z.B. bei medizinischer Behandlung oder in der Öffentlichkeit insgesamt messbar abgebaut werden, sei dahin gestellt. Ich glaube, dies ist ein längerer Prozess.

Was wünschen Sie sich heute persönlich, um die Lebensqualität intersexueller Erwachsener und auch Kinder zu verbessern?
Ich glaube, das Wichtigste ist, dass unsere Gesellschaft ein deutliches Willkommen signalisiert: »Du bist willkommen in deiner Andersartigkeit«. D.h. ich lehne, auch vor dem Hintergrund der Inklusionsdebatte, die wir im Bereich der Menschen mit Behinderung führen, ein Willkommen des Gleichmachens unter der Bedingung der Anpassung absolut ab. Inklusion und Annahme des Anderen heißt, ihn in seiner Differenz anzuerkennen.

Als weiteres wünsche ich mir natürlich, dass die Betroffenen von Eingriffen, die sie psychisch belasten oder später sogar krank machen können, in Zukunft nicht mehr betroffen sein werden.

Und natürlich wünsche ich mir, dass die heute lebenden, meist erwachsenen Betroffenen, die Opfer früherer Eingriffe wurden, ausreichende Entschädigung erhalten, so dass sie ein gutes Leben in dieser Gesellschaft führen können.

An dieser Stelle will ich nur betonen, dass mir die Beschäftigung mit dem Thema »Intersexualität« und die Begegnung mit so vielen unterschiedlichen Menschen in diesem Bereich nicht nur große Freude gemacht hat, sondern ein absolut intensives Lernen war. Ich habe als Psychotherapeut in früheren Jahren durchaus schon einmal Kontakt mit dem Thema gehabt, musste aber nachträglich feststellen, dass ich völlig uninformiert über die Probleme war und auch einiges ganz offensichtlich oberflächlich, um nicht zu sagen falsch, eingeschätzt habe. Diese Korrektur der eigenen Einstellung durch Kontakt mit Betroffenen, durch Informationen, durch Diskurs wünsche ich eigentlich ganz vielen Menschen. Ich glaube, dass sich dadurch ganz viel ändern könnte.

»Was ich schon immer über Intersex wissen wollte ...«

Glossar

ABqueer e.V.
Ein Berliner Trägerverein, der Bildungsveranstaltungen und pädagogische Beratung, auch für Schulen und pädagogische Hochschulen zum Thema »Geschlecht und Sexualität« anbietet. Schwerpunkt sind lesbische, schwule, bisexuelle und transgeschlechtliche Lebensweisen. Gemeinsam mit dem Verein TransInterQueer (TrIQ e.V.) wurde das Projekt Trans*Inter*Beratung Berlin ins Leben gerufen. Es bietet Informationen und Beratung zu den Themen Trans- und Intergeschlechtlichkeit an.
www.abqueer.de; www.transinterqueer.org

AGS Adrenogenitales Syndrom
Angeborener Defekt der Nebennieren, der bei XX-Chromosomensatz aufgrund hormoneller Störungen zu einer Vermännlichung der äußeren Geschlechtsorgane führen kann. Ob AGS zu einer Form der Intersexualität gehört, ist umstritten.
www.ags-initiative.de

AIS Androgen Insensitivity Syndrom
Androgenresistenz. Defekt des Androgenrezeptors. Die Androgene (Sexualhormone) werden zwar produziert, können jedoch gar nicht oder nur partiell wirken.
Siehe CAIS und PAIS

Aktion T4
Die systematische Ermordung von wahrscheinlich 70 000 Menschen mit geistigen oder körperlichen Behinderungen. Geplant wurde die Aktion in der geheimen Zentraldienststelle der Nationalsozialisten, einer Villa in der Berliner Tiergartenstraße 4 (neben der heutigen Philharmonie).
Im Sommer 1939 begann die Dienststelle auf Befehl Adolf Hitlers mit der systematischen Registrierung von behinderten Neugeborenen. Inwieweit von dieser »Vernichtung lebensunwerten Lebens«, der sogenannten »Kindereuthanasie«, auch Säuglinge mit uneindeutigem Geschlecht betroffen waren, wird zur Zeit noch erforscht.
http://gedenkort-t4.eu/de/vergangenheit/aktion-t4

Androgene
Sammelbezeichnung für Sexualhormone, z.B. Testosteron.

Androgyn
Kombination weiblicher und männlicher Eigenschaften, eine Sehnsucht nach Verbindung der Gegensätze und ihrer Überwindung. Der Begriff gehört in den Bereich

des Mythischen, erstmals erwähnt in Platons »Gastmahl«. Eine der vielen Personifizierungen des Androgyn in der Literatur ist »Orlando« in Virginia Woolfs gleichnamigen Roman.

Antidiskriminierungsstelle des Bundes (ADS)
Die ADS ist unabhängig und unterstützt Menschen, die Benachteiligungen und Diskriminierungen erfahren haben, die rassistisch motiviert, oder wegen der ethnischen Herkunft, des Geschlechts, der Religion oder Weltanschauung, einer Behinderung, des Alters oder der sexuellen Identität erfolgt sind.
www.antidiskriminierungsstelle.de

Berdache
Die Indianer Nordamerikas kannten bis zu Beginn des zwanzigsten Jahrhunderts nicht nur zwei, sondern bis zu sechs Geschlechter und nannten sie »Berdache«. Der berühmteste war We'wha vom Stamm der Zuni.
Zum Thema gibt es eine Hörfunksendung von Jean-Claude Kuner: »Mann? Frau? Berdache! Über Indianer und Geschlechtervielfalt«, Deutschlandradio Kultur 2006

Bougieren (franz.)
Dehnen. Mit Metallstäben die Vagina nach einer angelegten Vaginalplastik ausdehnen und ausweiten, um einer Verengung, einem erneuten Zuwachsen der operativ angelegten Öffnung vorzubeugen. Wird von vielen Intersexuellen, die operiert wurden, als schmerzhaft, entwürdigend und im Endeffekt als ergebnislos angesehen.

CAIS Complete Androgen Insensitivity Syndrom
Vollständiger Androgenrezeptordefekt (→AIS). Wurde vor dem Begriff DSD (s.d.) als testikuläre Feminisierung, auch als »hairless women« bezeichnet. Durch die Blockierung der Androgenwirkung ist das Genital bei der Geburt weiblich ausgeformt, erst während der Pubertät stellt sich Zwischengeschlechtlichkeit heraus, z.B. durch ein Ausbleiben der Menstruation.

CEDAW Convention on the Elimination of Discrimination against Women
(Übereinkommen zur Beseitigung jeder Form von Diskriminierung der Frau)
CEDAW ist ein Ausschuss der UN. In der Übereinkunft verpflichten sich die Staaten, Maßnahmen zu deren Umsetzung zu ergreifen. Sollten die Forderungen des CEDAW ungenügend berücksichtigt oder umgesetzt sein, sind auch Nichtregierungsorganisationen aufgefordert, sogenannte Schattenberichte abzugeben. Das war 2011 in Deutschland der Fall, als Intersex-Verbände ihre Forderung nach Schutz der Menschenrechte von Menschen mit Intersex nicht positiv aufgegriffen fanden.
Der UN-Ausschuss forderte die Bundesregierung auf, Maßnahmen zum Schutz der Menschenrechte Intersexueller zu verwirklichen. Daraufhin beauftragte die Bundesregierung den Deutschen Ethikrat zu einer Stellungnahme. Dieser gab im April 2012 zweiundzwanzig Empfehlungen ab.
http://www.ethikrat.org/dateien/pdf/infobrief-2012-01-web.pdf.

Chromosomales Mosaik

Numerisch veränderter Chromosomensatz, gleichzeitiges Vorhandensein von ovariellem und testikulärem Gewebe.

Drittes Geschlecht

Der Begriff wird heute von Anhängern der Queer-Bewegung in Anspruch genommen, wobei ein Spiel mit dem Geschlecht, ein fließender Identitätswechsel, aber auch eine Abschaffung des Zweigeschlechtsystems im Vordergrund stehen.

DSD Disorder of sex development (Störung der Geschlechtsentwicklung)

Der Begriff wurde 2005 auf der internationalen »Consensus Conference« in Chicago entwickelt und sollte u.a. den Begriff »Hermaphroditismus« ablösen und zu einer Vereinheitlichung unterschiedlichster Bezeichnungen führen. Viele Intersex-Selbsthilfegruppen kritisieren die Formulierung, da die Betonung zu sehr auf Störung und Krankheit gelegt wird. Selbsthilfegruppen reden heute eher von Besonderheiten oder Varianten der Geschlechtsentwicklung.

DSD-Life

Ein 2012 etabliertes europäisches Forschungsprojekt mit 17 Partneruniversitäten aus Deutschland, England, den Niederlanden, Polen und Schweden mit dem Ziel, europäische Richtlinien für eine bessere klinische Versorgung von Patienten mit DSD/Intersex zu entwickeln. Das Projekt wird an der Berliner Charité von der Endokrinologin Dr. Birgit Köhler koordiniert. Eine enge Zusammenarbeit mit Selbsthilfegruppen ist vorgesehen. Eine der Arbeitsgruppen wird sich mit Patient_innenrechten und ethischen Themen befassen. Schon im Vorfeld kam es zu kritischen Auseinandersetzungen mit verschiedenen Selbsthilfegruppen, die sich in diesem Forschungsprojekt nicht adäquat vertreten fühlen, da es von vornherein ärztlich dominiert sei. www. dsd-life.eu

Deutscher Ethikrat

»Das Bundesministerium für Bildung und Forschung und das Bundesministerium für Gesundheit haben im Dezember 2010 dem Deutschen Ethikrat den Auftrag erteilt, den Dialog mit den von Intersexualität betroffenen Menschen und ihren Selbsthilfeorganisationen fortzuführen und ihre Situation und die damit verbundenen Herausforderungen umfassend und unter Einbeziehung der ärztlichen, therapeutischen, sozialwissenschaftlichen und juristischen Sichtweisen aufzuarbeiten und dabei klar von Fragen der Transsexualität abzugrenzen.« Der Ethikrat leitete daraufhin mehrere Schritte ein. Zunächst wurden Stellungnahmen von Expert_innen aus den Bereichen Medizin, Medizinethik, Psychologie, Soziologie, Philosophie und Pädagogik zu Behandlungsempfehlungen und deren Praxis eingeholt. Jurist_innen wurden zur Thematik Behandlung und Einwilligung, zum Personenstandsrecht und zur Entschädigung befragt. Die Anhörung von Betroffenen, Eltern und Wissenschaftlern waren der zweite Schritt, diese fand am 8. Juni 2011 in der Berliner Akademie der Wissenschaften statt. Der dritte Schritt war eine Befragung zur Situation intersexueller Menschen als Online-Diskurs.

Teilnehmer_innen waren Betroffene, deren Angehörige, Wissenschaftler_innen und auch Personen, die nicht organisiert sind. Ende Februar 2012 veröffentlichte der Ethikrat die Studie: »Dokumentation Intersexualität im Diskurs« und legte 22 Empfehlungen zur medizinischen Behandlung und zum Personenstandrecht vor.
http://www.ethikrat.org

Endokrinologie
Lehre von den Hormonen und den Drüsen, die sie produzieren. Menschen mit Intersex sind bei Endokrinologen in Behandlung.

Gender
Englisches Wort für soziales Geschlecht, das sich abgrenzt vom Geschlecht als natürlich Gegebenes (Sex).

Gender-studies
Ursprünglich das Entstehen von akademischen Netzwerken mit feministischer Ausrichtung. Voraussetzung war dafür die Unterscheidung zwischen dem biologischen Geschlecht (Sex) und dem kulturabhängigen sozialen Geschlecht (Gender). Die bekannteste Vertreterin der Gender-Studies ist Judith Butler, die davon ausgeht, dass es kein natürliches Geschlecht gibt, für Butler ist Geschlecht grundsätzlich konstruiert.

Geschlechtsidentität
Das subjektive Gefühl eines Menschen, sich als Mann oder Frau oder dazwischen zu erleben.

Geschlechtsrolle
Die Gesamtheit der kulturell erwarteten, als angemessen betrachteten und zugeschriebenen Fähigkeiten, Interessen, Einstellungen und Verhaltensweisen des jeweiligen Geschlechts.

Geschlechtseintrag
Siehe Personenstandrecht

Gonaden
Keimdrüsen, beim weiblichen Geschlecht: Eierstöcke; beim männlichen: Hoden.

Gonadendysgenesie
Atypische (Fehl-)Entwicklung der Gonaden, diese haben sich nicht vollständig entwickeln können, obwohl Hoden- und Eierstockgewebe vorhanden sind.

Hermaphroditismus
Existenz von Keimdrüsen beider Geschlechter in einem Organismus, wird auch als Zwittertum bezeichnet.

Hijra

Zwitter, der in der Geschichte Indiens als vollkommenes Wesen die göttliche Einheit verkörpert. Auch heute sind sie noch geachtet, ihnen kommt u.a. die Aufgabe zu, Neugeborene zu segnen. Viele Homosexuelle wählen in Indien die Identität eines Hijras, um einer Ächtung ihrer offiziell nicht anerkannten Homosexualität zu entgehen.

Hypospadie

Die Harnröhrenöffnung ist nicht an der Spitze des Penis auf der Eichel, sondern an seinem Schaft. Operativ kann die Lage der Harnröhre korrigiert werden, die Öffnung wird dann an die Spitze der Eichel verlegt. Bei weiblicher Hypospadie endet die Harnröhre im Scheidengewebe, der Urin kann aber auch am Scheideneingang direkt aus der Harnröhre austreten.

Internet

Ende der 1990er Jahre konnten sich zum ersten Mal Betroffene mit Hilfe der neuen Informations- und Kommunikationsmöglichkeiten über das Internet finden, verknüpfen und sich erstmals mit anderen zusammentun und ihre Erlebnisse und Erfahrungen, auch über das jeweilige Behandlungsprogramm, austauschen. Durch Vernetzung und Austausch entstanden erste Intersex-Verbände.

Intersexualität

Nicht eindeutige Zuordnung zum weiblichen oder männlichen Geschlecht aufgrund anatomischer, hormoneller oder genetischer Merkmale. Viele intersexuelle Menschen haben einen männlichen Chromosomensatz bei einem scheinbar weiblichen Äußeren. Intersexualität kennt verschiedene Ausformungen, viele von ihnen sind bis heute ungenügend erforscht. Die bekanntesten sind: 5-alpha-Reduktase-Mangel, CAIS, PAIS, 17-beta-HSD-Mangel, Klinefelter-Syndrom, Swyer-Syndrom.

Intersexuelle Menschen e.V. / Selbsthilfe Intersexuelle Menschen
Selbsthilfe XY-Frauen

Eine Kontaktgruppe für Menschen, die körperlich oder hormonell nicht eindeutig in das klassische Mädchen- oder Jungenschema passen. Bei regelmäßigen Treffen von Intersexuellen und deren Angehörigen werden Erfahrungen und Informationen mit dem Ziel ausgetauscht, die Lebensqualität intersexueller Menschen zu verbessern. Ein weiteres Ziel des Vereins ist es, die Gesellschaft über vielfältige, unbekannte Formen der Intersexualität aufzuklären und die Tabuisierung aufzubrechen. 2004 gründeten 14 Angehörige der Selbsthilfegruppe XY-Frauen den Verein intersexuelle Menschen e.V., er nimmt die Interessen intergeschlechtlicher Menschen und deren Angehöriger aller Altersgruppen im deutschsprachigen Raum wahr.

»Uns alle verbindet und motiviert die Überzeugung, dass die Menschenwürde, die Identität und die körperliche Unversehrtheit unantastbar sind und damit die Rechte des deutschen Grundgesetzes uns genauso schützen, wie alle anderen Menschen«, so die Vorsitzende des Vereins, Lucie Veith.

www.intersexuelle-menschen.net; www.xy-frauen.de

IVIM/OII Germany
Internationale Vereinigung Intergeschlechtlicher Menschen /
Organisation Intersex International
Ein globales Netzwerk, Sprachrohr von und für intergeschlechtliche Menschen, deren Angehörigen, Aktivist_innen, Wissenschaftler_innen.
www.intersexualite.de

LSBTI
Abkürzung für Lesben, Schwule, Bisexuelle, Transsexuelle, Intersexuelle.

Nature versus nurture
Von der Medizin in den letzten Jahrzehnten vertretene Annahme, dass man bei Kindern mit nicht eindeutigem Genital das erwünschte Geschlecht mit eindeutiger Erziehung formen könne.

PAIS Partial Androgen Insensitivity Syndrom
Partielle Blockade der Androgenrezeptoren. Produziertes Testosteron kann nur teilweise wirken, was dazu führt, dass Genitalien uneindeutig scheinen, also weder typisch weiblich noch typisch männlich sind.

Optimal Gender Policy
Die »bestmögliche Geschlechtszuweisung« ist eine medizinische Behandlungspraxis, die vorsieht, Kinder mit nicht eindeutigem Genital möglichst schnell einem Geschlecht zuzuweisen und sie im Laufe der Entwicklung durch medizinische Eingriffe wie die Entfernung der Gonaden, Genitaloperationen, Hormonersatztherapien dem zugewiesenen Geschlecht anzupassen. Durch die bestmögliche Geschlechtszuweisung sollen intersexuelle Kinder vor sozialer Stigmatisierung und übermäßiger psychischer Belastung geschützt werden. Diese Methode steht in den letzten Jahren zunehmend in der Kritik der Selbsthilfegruppen, wird aber auch von wissenschaftlicher Seite angefochten.

Östrogene
Sammelbegriff für die rund dreißig weiblichen Geschlechtshormone, die die weibliche Entwicklung in der Pubertät einleiten und den Knochenaufbau und die Hautelastizität beeinflussen.

Peer-counseling
Beratung auf Augenhöhe: von Betroffenen durch Betroffene. Diese Art der Beratung wird von allen Selbsthilfegruppen angestrebt.

Personenstandgesetz (PStG)
Das PSTG verlangt einen Eintrag der Geschlechtszugehörigkeit des Kindes in das Geburtenregister innerhalb einer Woche. Der Ethikrat (s.d.) forderte im Februar 2012, dass bei Personen, deren Geschlecht nicht eindeutig festgelegt werden kann, auch die